2교시

<sup>NEW</sup>
# 일본어능력시험 답다!

이종권 저

## N1 청해

새롭게 개정된 NEW(신) 일본어능력시험의 개정 포인트를 이해하고 공부한다면, 수험생 여러분은 이미 합격고지의 절반은 오른 셈입니다. 개정된 주요한 포인트인 [과제 수행을 위한 언어커뮤니케이션능력]이란, 우리들이 생활 속에서 부딪히는 여러 과제에 대해 그 해결방법을 찾는 것이라고 해도 과언이 아닙니다. 과거의 암기 이해에 의존하는 그런 시험이 아님을 꼭 알아 두셔야 할 것입니다. 새로운 시험은 기존의 암기 이해는 물론이고, 어떤 일을 판단하고 수행하는데 필요한 일본어 실력을 측정하는 시험입니다.

NEW(신) 일본어능력시험에서는 언어지식(문자·어휘·문법)을 바탕으로 독해와 청해 과제를 수행하는 능력을 측정하는 시험이므로, **언어지식을 공부한 후에 독해, 청해 순**으로 공부를 해가는 것이 효율적이라 하겠습니다. 물론 청해의 기본인 귀가 열려 있는 단계가 아니라면, 청해 연습을 꾸준히 언어지식 공부와 병행해야 합니다.

NEW(신) 일본어능력시험에서는 합격을 위한 기준 점수가 제시되지 않았지만, 과거와 달리 **영역별 과락제도**가 도입되므로 전체적인 균형을 유지하는 학습방법이 요구됩니다. 어느 한 영역으로 치우치는 학습방법은 바람직하지 않습니다.

본서는 개정된 **NEW(신) 일본어능력시험에 맞추어 새롭게 집필**되었고, 새로운 유형을 최대한 이해하기 쉽게, 또한 많은 문제를 다루었습니다. **모의고사도 3회**로 다양한 문제를 수록했습니다. 본서에 수록된 많은 문제들을 풀어보고, 모르거나 자신이 틀린 문제들은 꼭 다시 공부해서 고득점으로 합격하시기를 기원합니다.

공부하다가 모르는 것이나 궁금한 사항이 있으시면 언제든지 제가 운영하는 다음 카페(http://cafe. daum.net/jlpt)나 http://www.ejujlpt.com 으로 문의 주세요. ^^ 시험에 대한 다양한 정보도 여기서 찾아볼 수 있습니다.

시험문제 출제와 자료 정리에 온 힘을 써준 이종권일본어학원 Japanese Test R&D Center 연구원들에게 감사를 표합니다. 또한 멋진 교재가 나올 수 있도록 모든 노력을 아끼지 않고 도와주신 사람in 박효상 사장님과 편집부 직원들에게도 많은 감사드립니다.

NEW(신) 일본어능력시험 N1 수험생들의 **고득점 합격**을 기원하면서

저자 이종권

# 목차

'일본어 능력시험'은 단순히 일본어 실력만을 묻는 시험이 아니라, 실제로 사용할 수 있는 일본어 실력을 갖추고 있는가를 중시하는 시험으로, 일본어의 문자 · 어휘 · 문법의 언어지식뿐만 아니라, 그 지식을 토대로 커뮤니케이션을 원활하게 할 수 있는가를 판가름하는 시험이다.

● 실질적인 일본어 사용에 중점을 둔 만큼 '독해'와 '청해'의 비중이 높다.
● 시험은 7월과 12월(연 2회)에 실시된다.

## 1. 급수별 차이 이해하기

'일본어 능력시험'은 1급에서 5급까지의 5단계로 이루어진다.

다음은 급수별로 일본어 능력시험에 합격했을 때 인정되는 사항으로, 학습자는 다음의 사항을 참고로 시험의 급수를 정해 시험에 응할 수 있다.

| 급수 | 급수 취득 시 인정되는 사항 |
|------|---------------------------|
| **N1** | **여러 방면에서 사용되는 일본어를 이해 · 사용할 수 있다.** |
| N2 | 일상적인 일본어 사용이 가능하고, 좀 더 넓은 방면에서 사용되는 일본어를 어느 정도 사용할 수 있다. |
| N3 | 일상적인 일본어를 어느 정도 사용할 수 있다. |
| N4 | 기본적인 일본어를 사용할 수 있다. |
| N5 | 기본적인 일본어를 어느 정도 사용할 수 있다. |

## 2. 각 급수별 과목과 시험 시간

| 급수 | 시험 과목 (시험 시간) | | |
|------|------|------|------|
| N1 | 언어지식(문자 · 어휘 · 문법) · 독해 **110분** | | 청해 **60분** |
| N2 | 언어지식(문자 · 어휘 · 문법) · 독해 105분 | | 청해 50분 |
| N3 | 언어지식(문자 · 어휘) **30분** | 언어지식(문법) · 독해 **70분** | 청해 40분 |
| N4 | 언어지식(문자 · 어휘) **30분** | 언어지식(문법) · 독해 **60분** | 청해 35분 |
| N5 | 언어지식(문자 · 어휘) **25분** | 언어지식(문법) · 독해 **50분** | 청해 30분 |

## 3. 시험 점수의 배점 구분 및 합격선

| 급수 | 배점 구분 | | 득점 범위 |
|------|------|------|------|
| **N1** | **언어지식(문자 · 어휘 · 문법)** | **60** | **100점 만점으로 환산** |
| | **독해** | **60** | **100점 만점으로 환산** |
| | **청해** | **60** | **100점 만점으로 환산** |
| | **만점** | | **300** |
| N2 | 언어지식(문자 · 어휘 · 문법) | 60 | 100점 만점으로 환산 |
| | 독해 | 60 | 100점 만점으로 환산 |
| | 청해 | 60 | 100점 만점으로 환산 |
| | 만점 | | 300 |
| N3 | 언어지식(문자 · 어휘 · 문법) | 60 | 100점 만점으로 환산 |
| | 독해 | 60 | 100점 만점으로 환산 |
| | 청해 | 60 | 100점 만점으로 환산 |
| | 만점 | | 300 |
| N4 | 언어지식(문자 · 어휘 · 문법) · 독해 | 120 | 200점 만점으로 환산 |
| | 청해 | 60 | 100점 만점으로 환산 |
| | 만점 | | 300 |
| N5 | 언어지식(문자 · 어휘 · 문법) · 독해 | 120 | 200점 만점으로 환산 |
| | 청해 | 60 | 100점 만점으로 환산 |
| | 만점 | | 300 |

합격은 전체 점수의 총점으로 결정되는 것이 아니라, 각 과목당 기준점이 있어, 모든 과목에서 기준점을 획득해야 합격할 수 있다. 한 과목이라도 기준점에 미달되었을 시에는 불합격 처리된다.

# 일본어 능력시험 N1 문제 유형 총정리

| 시험 과목<br>(시험시간) | | 문제유형 | | 유형 설명 | 문항수 | 문제 풀이<br>소요 시간 |
|---|---|---|---|---|---|---|
| 언어<br>지식<br>·<br>독해<br>(110분) | 문<br>자<br>·<br>어<br>휘 | 問題1 | 한자읽기 | 문장에서 밑줄 친 부분의 한자의 読み方를 찾는 문제 | 6 | 110분 중<br>15분 내에<br>문제를<br>해결한다. |
| | | 問題2 | 문맥규정 | 문장의 문맥에 맞게 괄호 안에 들어갈 가장 알맞은 어휘를 찾는 문제 | 7 | |
| | | 問題3 | 유의어 표현 | 문장에서 밑줄 친 어휘와 가장 가까운 표현을 찾는 문제 | 6 | |
| | | 問題4 | 용법 | 주어진 어휘가 가장 알맞게 사용된 문장을 찾는 문제 | 6 | |
| | 문<br>법 | 問題5 | 문법형식 판단 | 괄호 안에 들어갈 가장 알맞는 문법적 기능어를 찾아 문장을 완성하는 문제 | 10 | 110분 중<br>20분 내에<br>문제를<br>해결한다. |
| | | 問題6 | 문장 조합 | 선택지로 주어진 1~4의 어휘를 나열하여 문장을 완성한 후, ★ 표시가 된 부분에 들어갈 표현을 찾는 문제 | 5 | |
| | | 問題7 | 문장 속 문법 | 글을 읽고 빈 칸에 들어갈 표현을 찾는 문제 | 5 | |
| | 독<br>해 | 問題8 | 내용이해(단문) | 단문을 읽고 푸는 문제 | 4 | 110분 중<br>75분 내에<br>문제를<br>해결한다. |
| | | 問題9 | 내용이해(중문) | 중문을 읽고 푸는 문제 | 9 | |
| | | 問題10 | 내용이해(장문) | 장문을 읽고 푸는 문제 | 4 | |
| | | 問題11 | 종합 이해 | 두 개 이상의 글을 읽고 비교·통합 후 푸는 문제 | 3 | |
| | | 問題12 | 주장 이해 | 장문의 글을 읽고 저자의 주장이나 의견 등을 찾는 문제 | 4 | |
| | | 問題13 | 정보 검색 | 공고, 팸플릿, 정보지 등의 글을 읽고 정보를 찾는 문제 | 2 | |
| 청해<br>(60분) | | 問題1 | 과제 이해 | 구체적인 과제 해결에 필요한 정보를 듣고, 다음에 일어날 사항을 묻는 문제 | 6 | 청해는 문제 유형별로 주어지는 시간에 차이가 있으므로, 먼저 문제 유형을 확실하게 파악한 후, 문제 유형에 익숙해지는 것이 중요하다. |
| | | 問題2 | 포인트 이해 | 대화 혹은 한 사람의 이야기를 듣고, 내용의 포인트를 파악하는 문제 | 7 | |
| | | 問題3 | 개요 이해 | 내용의 전체를 듣고 화자의 의도 및 주장 등을 파악하는 문제 | 6 | |
| | | 問題4 | 즉시 응답 | 짧은 글 또는 대화문을 듣고 적절한 응답을 찾는 문제 | 14 | |
| | | 問題5 | 종합 이해 | 긴 내용을 듣고, 두 개 이상의 정보를 비교·통합하는 문제 | 4 | |

## 청해 만점을 위한 워밍업

본서는 페이지 번호와 MP3 파일 번호가 일치합니다.
음원을 들어야 할 페이지와 같은 MP3 번호를 실행시키면, 원하는 음원을 들을 수 있습니다.

✳ 🎧 : MP3 파일 번호
✳ 📖 : 스크립트 페이지

## 1. 기본 연습

### (1) 발음

　일본어의 발음은 단어를 하나씩 발음할 때와 문장 안에서 발음할 때, 그 발음이 조금씩 달라진다. 그래서 단어를 하나만 들었을 때는 알아들어도, 문장으로 들을 때는 못 알아듣는 경우가 종종 발생한다. 청해 문제에 잘 대응하려면, 문장을 들으면서 바로 바로 이해를 해야 하는데, 발음 자체를 못 알아들으면 머리 속에서 이미 번역 속도가 늦어져 문제를 놓치기 쉽다.

　우선은 기본적인 발음이 들려야 다양한 문장들을 어려움 없이 듣고 이해할 수 있기 때문에, 여기서는 간단한 기본단어를 듣는 연습을 해보도록 하겠다.

**어느 쪽 발음인지 듣고 ☑ 체크해 보자.**

### 가. 비슷한 발음

| | | | | | |
|---|---|---|---|---|---|
| 1. | □ わんこ | □ あんこ | 11. | □ ちゅうい | □ しゅうい |
| 2. | □ じゅこう | □ ずこう | 12. | □ りこん | □ みこん |
| 3. | □ いち | □ ちち | 13. | □ めいろ | □ ねいろ |
| 4. | □ つみれ | □ すみれ | 14. | □ あお | □ さお |
| 5. | □ えんぽう | □ れんぽう | 15. | □ ライス | □ ナイス |
| 6. | □ おと | □ そと | 16. | □ ふつう | □ くつう |
| 7. | □ めんたい | □ れんたい | 17. | □ へんそく | □ えんそく |
| 8. | □ せいぞう | □ せいごう | 18. | □ きあい | □ しあい |
| 9. | □ きゃく | □ ひゃく | 19. | □ ぬま | □ うま |
| 10. | □ ほうそく | □ ろうそく | 20. | □ きゅうしゃ | □ ちゅうしゃ |

1. □ そっこう　　□ ぞっこう
2. □ ボール　　　□ ポール
3. □ ばんそう　　□ はんそう
4. □ ビーチ　　　□ ピーチ
5. □ カーブ　　　□ カープ
6. □ バット　　　□ パット
7. □ ひょうし　　□ びょうし
8. □ きゅうにゅう　□ ぎゅうにゅう
9. □ ベンチ　　　□ ペンチ
10. □ ぱんこ　　　□ はんこ
11. □ プラン　　　□ ブラン
12. □ じゅどう　　□ しゅどう
13. □ ペンチ　　　□ ベンチ
14. □ しゃどう　　□ じゃどう
15. □ ぷかぷか　　□ ぶかぶか
16. □ ごま　　　　□ こま
17. □ ぎゃっこう　□ きゃっこう
18. □ だいきん　　□ たいきん
19. □ じゅよう　　□ しゅよう
20. □ びゃくだん　□ ひゃくだん

1. □ しょっき　　□ しょき
2. □ テブル　　　□ テーブル
3. □ アクセサリ　□ アクセサリー
4. □ シャッタ　　□ シャッター
5. □ ショッピング　□ ショピング
6. □ パーティ　　□ パーティー
7. □ あっさり　　□ あさり
8. □ まっち　　　□ まち
9. □ おばあさん　□ おばさん
10. □ でえたらめ　□ でたらめ
11. □ じょうきゃく　□ じょうきゃっく
12. □ にさん　　　□ にいさん
13. □ カレー　　　□ カレ
14. □ コック　　　□ コク
15. □ ガーター　　□ ガータ
16. □ すっぱい　　□ すぱい
17. □ うっとうしい　□ うっとしい
18. □ でかい　　　□ でっかい
19. □ チーズ　　　□ ちず
20. □ クッキー　　□ くき

## 라. 발음과 기타

1. ☐ かんかく　　☐ かかく
2. ☐ とんち　　☐ とち
3. ☐ かんがい　　☐ かがい
4. ☐ だかい　　☐ だんかい
5. ☐ びんぼう　　☐ びぼう
6. ☐ りじ　　☐ りんじ
7. ☐ けんげん　　☐ けげん
8. ☐ ほんね　　☐ ほね
9. ☐ ていねん　　☐ てんねん
10. ☐ まんねひつ　　☐ まんねんひつ

11. ☐ かけい　　☐ かんけい
12. ☐ ふんだ　　☐ ふんだん
13. ☐ してん　　☐ しんてん
14. ☐ みよう　　☐ みんよう
15. ☐ はらん　　☐ はんらん
16. ☐ コッセント　　☐ コンセント
17. ☐ りょか　　☐ りょかん
18. ☐ ぼんやり　　☐ ぼやり
19. ☐ そんしつ　　☐ そしつ
20. ☐ きこう　　☐ きんこう

## (2) 숫자와 수사

우리말의 사물을 세는 단위가 다양하듯이 일본어의 사물을 세는 단위도 다양하다.
N1 수준의 조수사를 반복하여 들으며 시험에 대비하도록 하자.

**01 切れ** 切ったもの … 刺身、ケーキ、魚の切り身、たくあん、羊羹など

| | | | |
|---|---|---|---|
| 一切れ | ひときれ | 二切れ | ふたきれ |
| 三切れ | さんきれ／みきれ | 四切れ | よんきれ |
| 五切れ | ごきれ | 六切れ | ろっきれ |
| 七切れ | ななきれ | 八切れ | はちきれ／はっきれ |
| 九切れ | きゅうきれ | 十切れ | じゅっきれ／じっきれ |
| 何切れ | なんきれ | | |

**02 足** 両足に履く一揃いのもの … 靴、靴下、ストッキング、下駄、サンダルなど

| | | | |
|---|---|---|---|
| 一足 | いっそく | 二足 | にそく |
| 三足 | さんそく | 四足 | よんそく |
| 五足 | ごそく | 六足 | ろくそく |
| 七足 | ななそく | 八足 | はっそく |
| 九足 | きゅうそく | 十足 | じゅっそく／じっそく |
| 何足 | なんそく | | |

**着** 到着の順番、衣類

| | | | |
|---|---|---|---|
| 一着 | いっちゃく | 二着 | にちゃく |
| 三着 | さんちゃく | 四着 | よんちゃく |
| 五着 | ごちゃく | 六着 | ろくちゃく |
| 七着 | ななちゃく | 八着 | はっちゃく |
| 九着 | きゅうちゃく | 十着 | じゅっちゃく／じっちゃく |
| 何着 | なんちゃく | | |

04 **通** 手紙、証文、届け書

| | | | |
|---|---|---|---|
| 一通 | いっつう | 二通 | につう |
| 三通 | さんつう | 四通 | よんつう |
| 五通 | ごつう | 六通 | ろくつう |
| 七通 | ななつう | 八通 | はっつう |
| 九通 | きゅうつう | 十通 | じゅっつう／じっつう |
| 何通 | なんつう | | |

05 **頭** 牛・馬・大型犬などの動物 (基本的に人間が両腕で抱きかかえられない大きさのもの)

| | | | |
|---|---|---|---|
| 一頭 | いっとう | 二頭 | にとう |
| 三頭 | さんとう | 四頭 | よんとう |
| 五頭 | ごとう | 六頭 | ろくとう |
| 七頭 | ななとう | 八頭 | はちとう／はっとう |
| 九頭 | きゅうとう | 十頭 | じゅっとう／じっとう |
| 何頭 | なんとう | | |

## (3) 뉘앙스 파악

  N1에서는 일본어의 뉘앙스 파악도 중요하다.

  같은 문장이라도 어떤 느낌으로 말하는지 잘 파악해야 하고, 생략된 내용이 있다면 그 내용이 무엇일지 알아차려야 일본어 시험에서 고득점을 받을 수 있다.

**다음 예문을 듣고, 남성 혹은 여성의 말에 어떤 뉘앙스가 숨어 있는지 찾아보자.**

> (예)  女性の本当の考えはどっち？
>     (A) いいと思う。
>     (B) よくないと思う。

정답은 (A)다. 그럼, 본격적으로 문제를 풀어보도록 하자.

**음원을 듣고, 남성 혹은 여성의 말이 의도하는 내용이 무엇인지 파악해 보자.**

**1.** 女性の今の状況はどっち？
  (A) 手伝える。
  (B) 手伝えない。

**2.** 男性の準備の進み具合はどっち？
  (A) 順調だ。
  (B) 順調でない。

**3.** 男性は試合について自信がある？
  (A) ある。
  (B) ない。

**4.** 女性は本当はどう思ってる？
  (A) おもしろかった。
  (B) おもしろくなかった。

**5.** 男性の本当の考えはどっち？
  (A) 行きたい。
  (B) 行きたくない。

**6.** 女性の本当の考えはどっち？
  (A) 聞きたい。
  (B) 聞きたくない。

**7.** 男性は本当はどうしたい？
  (A) 貸したい。
  (B) 貸したくない。

**8.** 男性の本当の考えはどっち？
  (A) チーズだと思う。
  (B) チーズだと思わない。

**9.** 男性の本当の考えはどっち？
  (A) 難しいと思う。
  (B) 難しいと思わない。

**10.** 男性の本当の考えはどっち？
  (A) 良かった。
  (B) 悪かった。

**11.** 男性は本当はどうしたい？
  (A) 一緒にしたい。
  (B) 一緒にしたくない。

**12.** 女性は本当はどうしたい？
  (A) 買いたい。
  (B) 買いたくない。

**13.** 女性の本当の考えはどっち？
  (A) 怖い。
  (B) 怖くない。

**14.** 男性は本当はどうしたい？
  (A) 教えたい。
  (B) 教えたくない。

**15.** 男性は本当はどうしたい？
  (A) 練習したい。
  (B) 練習したくない。

**16.** 女性の本当の気持ちはどっち？
  (A) 帽子を買いたい。
  (B) 帽子を買いたくない。

**17.** 女性の本当の気持ちはどっち？
  (A) 行きたい。
  (B) 行きたくない。

**18.** 女性はクイズの答えを知っている？
  (A) 知っている。
  (B) 知らない。

**19.** 男性は本当はどう思ってる？
  (A) かわいいと思っている。
  (B) かわいいと思っていない。

**20.** 男性の本当の考えはどっち？
  (A) 分かりやすいと思う。
  (B) 分かりやすいと思っていない。

### (4) 문제를 잘 듣는다.

청해 시험에서 아무리 긴장하고 집중해서 듣는다고 해도 모든 내용을 처음부터 끝까지 100% 다 듣고 이해하기에는 무리가 있다. 그럼, 어떻게 해야 청해 시험에 효율적으로 대처할 수 있을까? 청해에서 내용을 잘 듣고 이해하는 것도 중요하지만, 그 전에 문제를 잘 듣고 파악하는 것이 더 중요하다고 할 수 있겠다. 문제를 잘 듣고 파악해야 그 다음에 듣는 내용에서 무엇을 중심으로 들을지를 판단할 수 있게 되고, 정답과 오답을 빨리 판가름할 수 있게 되기 때문이다.

**그럼, 문제를 잘 듣고 정답을 찾아보자.**

**1.** 　1. 庭の鉢を家の中に入れる。
　　 2. 家を守る。
　　 3. 家の屋根を補強する。
　　 4. 家の中を片付ける。

**2.** 　1. 第三ホールの入口
　　 2. 第三ホールの受付の前
　　 3. 第四ホールの入口
　　 4. 第四ホールの受付の前

**3.** 　1. コンビニのおにぎりを食べる。
　　 2. 朝ごはんをたくさん食べる。
　　 3. 健康のことを考える。
　　 4. 糖分をとる。

**4.** 　1. 足をケガしてしまったから。
　　 2. 治療に時間がかかってしまったから。
　　 3. 相手の選手の技術を研究しなかったから。
　　 4. 試合の前に練習をしなかったから。

**5.** 　1. 内容
　　 2. 話すスピード
　　 3. 声の大きさ
　　 4. 専門用語の説明

일본어능력시험 청해에서는 문제를 풀기 위해 들어야 하는 정보는 보통 1~2개이다. 필요한 정보만을 골라 듣는 연습을 해보도록 하자. 물론 앞에서 연습한 문제를 잘 듣는다는 것이 전제된다.

**1.**  1. 100番
   2. 150番
   3. 200番
   4. 250番

**2.**  1. ピーマン
   2. ブロッコリー
   3. じゃがいも
   4. さつまいも

**3.**  1. チューリップ
   2. バラ
   3. カーネーション
   4. カラー

**4.**  1. 市田駅と高間駅
   2. 高間駅と豊下駅
   3. 山野駅と市田駅
   4. 豊下駅と山野駅

**5.**  1. 心臓
   2. 腸
   3. 肺
   4. 胃

일본어능력시험에서는 다양한 표현을 구사할 수 있는 능력 역시 요구하기 때문에, 대화의 내용을 다른 표현으로 바꾸어 물었을 때, 바로 이해하고 정답을 고를 수 있는 실력을 갖추어야 한다. 이 부분은 청해 실력과 함께 어휘력도 풍부해야 쉽게 대처할 수 있다.

**1.**
  1. 肌の色を一定に保つこと
  2. 体を保護すること
  3. 寒さを防ぐこと
  4. 体重を調節すること

**2.**
  1. 誇りと名誉の意味が混同されていること
  2. 誇りと名誉の意味が行き違いしていること
  3. 誇りと名誉の意味が移動していること
  4. 誇りと名誉の意味が誤解されていること

**3.**
  1. 軽さ
  2. 文字の大きさ
  3. 便利さ
  4. 書きやすさ

**4.**
  1. 恥ずかしいという気持ち
  2. 当然だという気持ち
  3. ありがたいという気持ち
  4. すまないという気持ち

**5.**
  1. たまに忘れ物をする人
  2. メールの返事を10分以内にする人
  3. 食事をするのがとても遅い人
  4. 朝食をいつも立って食べる人

**(7) 마지막에 나오는 포인트를 놓치지 않는다.**

시험에서는 대화의 마지막 부분이 결론이 되는 경우가 많다. 물론 듣고 있는 경우 어느 부분이 마지막인지를 알 수는 없으나 1분~2분 정도의 기준으로 문제가 구성되어 있으므로 어느 정도 시간이 지나면, 이제 결론이 나올 때가 되었구나 하고 집중해서 들으면 고득점을 받을 수 있다.

이제부터는 문제와 예시문까지 모두 듣고 푸는 연습을 하도록 하자.

1.

2.

3.

4.

5.

## (8) 오답을 정리한다.

무언가를 결정해야 하는 내용의 대화를 듣다 보면, 최종적으로 결정되기까지 여러 제안들이 제시되는데, 이때는 어떤 제안이 마지막에 정답이 될 지 알 수 없기 때문에 언급되는 모든 제안의 구제적인 내용을 정리해 놓아야 한다. 예를 들면, 4개의 제안이 나오고 그 중 하나를 정답으로 만드는 과정에서, 다른 3개가 오답이 되는 이유까지 정리해야 정답을 찾을 수 있다는 것이다. 만약, 기억력만을 의지해서 문제를 풀다 보면 마지막에 어떤 것이 정답인지 애매해질 수 있다. 이럴 경우를 대비해서 오답이라는 확신이 들더라도 정리해 두는 습관을 들이는 것이 고득점을 받기 위한 습관이 될 수 있겠다.

또, '(6) 들은 정보를 다른 말로 바꾼다'에서 공부한 것처럼 정답을 다른 표현으로 바꾸어 제시되기도 하는데, 대부분 오답은 본문에서 나온 표현 그대로 나온다는 것도 참고해서 알아두자.

1.

2.

3.

4.

5.

**(9) 질문의 요점을 파악한다.**

　무엇에 대해서 이야기하고 있는지를 파악하는 문제들도 출제되고 있다. 즉, 전체의 요점이 무엇인지를 묻는 문제이다. 대화의 흐름이나 자주 나오는 키워드를 주의해서 들으면 요점을 파악할 수 있고, 말하는 사람이 주로 무엇을 강조하는지를 잘 듣는 것이 도움이 된다.

1.

2.

3.

4.

5.

## 2. 메모의 기술

앞에서 연습한 내용들을 중심으로 이제부터는 본격적으로 메모하는 연습을 해보도록 하자.

메모는 기억력의 보조수단으로 상용되는 것으로, 모든 내용을 스크립트처럼 전체를 받아적는 것은 아니다. 문제 풀이를 하는 동안에 1~2분 정도만 기억하고 이해할 수 있을 만큼만 적으면 된다. 그러므로 꼭 일본어로 메모할 필요는 없다. 우리말로 해도 되고 영어로 해도 된다. 물론 여러 언어를 섞어서 해도 된다. 결론은 본인만 알아보면 되는 것이다.

실제 시험장에서 수동적인 자세로 시험에 응하는 수험생들을 종종 볼 수 있는데, 그러한 자세로 시험에 응하다 보면, 정신 집중이 안 되는 것은 기본이고 심지어는 문제를 풀다가 다른 생각까지 하게 될 수도 있다. 이런 상황을 방지하기 위해서라도 필요한 것이 메모다. 메모를 하면 집중력도 높아지고 다른 생각을 하지 않게 되므로 단순한 실수까지 줄일 수 있다.

어떤 내용을 메모해야 하는지는 예제문제를 풀면서 체득하기 바란다.

**1.**

1. 現在部のメンバーは何人いますか？

--------------------------------------------------

2. 森田と木本はどうして練習を休みましたか？

--------------------------------------------------

3. 現在、試合に出られるのは何人ですか？

--------------------------------------------------

4. 試合に必要な人数は何人ですか？

--------------------------------------------------

5. 入部を希望している1年生は何人いますか？

--------------------------------------------------

6. 新入生に電話をかけようとしている部員は誰ですか？

--------------------------------------------------

**2.**

1. お母さんは何味のタイヤキを食べたがっていますか？

   ----------------------------------------------------------------

2. なぜお父さんのタイヤキを買わなかったのですか？

   ----------------------------------------------------------------

3. お母さんはタイヤキをいくつ買いましたか？

   ----------------------------------------------------------------

4. 息子の友達の名前は何ですか？

   ----------------------------------------------------------------

5. この家族は何人家族ですか？

   ----------------------------------------------------------------

**1.**

1. 山二証券との商談はいつに変更になりましたか？

--------------------------------------------------------

2. 今日の３時から行われるはずだったものは何ですか？

--------------------------------------------------------

3. 部長が外出しようとしているのは何時から何時の間ですか？

--------------------------------------------------------

4. 変更したスケジュールは何件ありますか？

--------------------------------------------------------

5. 今日は何曜日ですか？

--------------------------------------------------------

**2.**

1. 6時半まで授業があるのは何曜日ですか？

   ---------------------------------------------------------------

2. 来月は今月に比べて昼休みがどれだけ増えますか？

   ---------------------------------------------------------------

3. 月曜日と時間割が同じなのは何曜日ですか？

   ---------------------------------------------------------------

4. 来月の祝日は何曜日にありますか？

   ---------------------------------------------------------------

5. 来月、土曜日に学校へ何回行かなければいけませんか？

   ---------------------------------------------------------------

6. 今は何月ですか？

   ---------------------------------------------------------------

**1.**

1. 夏子は今どこにいますか？

-----------------------------------------------------------------

2. 夏子は習い事をいくつしていますか？

-----------------------------------------------------------------

3. 夏子が通っているピアノ教室の月謝はいくらですか？

-----------------------------------------------------------------

4. 冬香が通っているピアノ教室の月謝はいくらですか？

-----------------------------------------------------------------

5. 夏子のお母さんが場所を変えたいと思っている習い事は何ですか？

-----------------------------------------------------------------

**2.**

1. 女性の両親の身長の差は何センチですか？

   -------------------------------------------------

2. 男性の身長は何センチですか？

   -------------------------------------------------

3. 男性の母の身長は何センチですか？

   -------------------------------------------------

4. 男性の兄の身長は何センチですか？

   -------------------------------------------------

5. 男性は何人兄弟ですか？

   -------------------------------------------------

**1.**

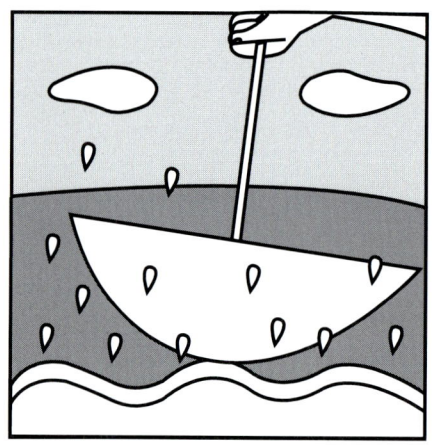

1. 女性は初めて絵を見たとき何に見えましたか？

----------------------------------------------------------------

2. 女性は絵をどう見ると船と傘の区別がつきやすいと言っていますか？

----------------------------------------------------------------

3. 女性は調査では何の絵に見えた人が多いと言っていますか？

----------------------------------------------------------------

4. 女性の妹は初めて見たとき何の絵に見えたと言っていますか？

----------------------------------------------------------------

5. 女性は何人家族ですか？

----------------------------------------------------------------

**2.**

1. 子犬たちは生まれて何ヶ月経ちますか？

   ------------------------------------------------------------

2. 一番右の小犬の名前は何ですか？

   ------------------------------------------------------------

3. 毛が白い子犬の名前は何ですか？

   ------------------------------------------------------------

4. ゆかの家ではなぜ犬が飼えませんか？

   ------------------------------------------------------------

5. ゆかはどの子犬を一番気に入りましたか？

   ------------------------------------------------------------

## (1) 축약형

**01 てる → ている**
待ち合わせ場所にもう着いてるよ。

**02 でる → でいる**
何をそんなに急いでるの？

**03 てた → ていた**
山田君が結婚することは知ってたよ。

**04 でた → でいた**
昨日は遅くまで遊んでたね。

**05 じゃ → では**
その傘は私のじゃないんだけど。

**06 ちゃ → ては**
お母さんに嘘をついちゃだめでしょう！

**07 ちゃう → てしまう**
私どこかで財布落としちゃった。

**08 じゃう → でしまう**
試験も終わったことだし、今日は思う存分遊んじゃう！

**09 とく → ておく**
この情報は知っとくと得だよ。

**10 どく → でおく**
この仕事は山田君に頼んどくわ。

**11 たげる → てあげる**
必要なものがあったら私が買いに行ったげるよ。

**12 なきゃ → なければ**
レポート、明日提出しないといけないから早く終わらせなきゃ。

**13 なけりゃ → なければ**
明日までにこの仕事を全部一人でしなけりゃならない。

**14 なくちゃ → なくては**
店が閉まるまでに買いに行かなくちゃ。

**15 んない → らない / りない / れない / ない**
あなたが来るまで私は帰んない。

**16 ん → の**
一回私ん家に遊びに来てよ。

**17 たって → ても**
そんなこと私に聞かれたって分かんないよ。

**18 だって → でも**
これくらいの問題なら私だって解けるわよ。

**19** かも → かもしれない

今回の企画、すごく良かったから
あなたのが選ばれるかもね。

**20** たら → たらどう

今日は晴れてるし外で遊んできた
ら？

**21** だら → だらどう

そんなに頭痛いんだったら薬飲ん
だら？

**22** って → と / という / というのは /
と聞いたそうだ

今月で仕事を辞めるんだって。

**23** けど → けれども

今日は大事な会議があるからしん
どいけど出てきたんだ。

**24** っけ → ましたか / でしたか

映画見に行く約束って今日だっけ？

## (2) 종조사

종조사란 문장 끝에 붙어서 말하는 사람
의 감정 상태를 나타낸다. 일부 종조사
는 남성어와 여성어로 구별되어 있다.

**01** ね 주로 상대방의 동의를 구하려고 할 때, 주로 상
대방의 의견에 동의할 때

君の意見は間違ってないね。

**02** わね 여성어로서 상대방의 동의를 구하려고 할 때

この絵、すてきだわね。

**03** よ 주로 자기의 주장을 상대방에게 알리려고 할 때

ここは昔僕が住んでた町だよ。

**04** わよ 여성어로서 상대방의 동의를 구하려고 할 때

あなた、ここ間違えてるわよ。

**05** よね 상대방의 동의를 구하는 동시에 자기의 주장
을 상대방에게 알리고자 할 때

昨日見た映画、面白かったよね。

**06** な 감정을 넣어서 표현하고자 할 때

卒業しても君のことは忘れられな
いな。

**07** だな 주로 남자들이 감정을 넣어서 표현하고자 할 때

夏と聞いて想像するのはやっぱり
海だな。

**08** **かな** 확실하지 않은 상황에서 본인의 의문을 표현할 때

山田君って明日から出張行くのかな。

**09** **かしら** 여성어로서 확실하지 않은 상황에서 본인의 의문을 표현할 때

明日ってあのスーパー開いてるかしら。

**10** **ぞ** 주로 남성어로서 자신의 의지를 강하게 표현하고자 할 때

僕はこの試合、絶対負けないぞ。

## (3) 기타

**01** **まじ？/本当？** 정말?

山本さんが来月結婚するって話、まじ？

**02** **だい？/ですか？** ～(이)야? / 입니까?

君がここに来るなんて。
何の用だい？

**03** **かい？/ますか？** ～(이)야? / 입니까?

ケーキもらったんだけど、君も食べるかい？

**04** **の？/のですか？(んですか？)**
～(이)야? / 입니까?

みんな旅行に行くのにあなただけなぜ行かないの？

# 청해 만점을 위한 실전 연습

　청해에서 고득점을 받기 위해서는 이해하는 속도를 높여야 한다. 이해하는 속도를 높인다는 것은 듣는 속도만큼 이해하는 속도도 빨라야 한다는 것이다.

　일본어를 듣고, 머릿속에서 해석하고 이해하는데 소요되는 시간이 아무리 빨라도 듣는 속도보다는 빠를 수가 없다. 같은 내용을 반복해서 듣고 모르는 어휘가 나오면 사전을 찾아 두는 방법 등으로, 뇌에서 번역하는 기능을 빼내야만 이해하는 속도를 높일 수 있다. 이것은 반복 훈련을 통해서 자연스럽게 몸에 익혀지는 것이다.

　그럼, 이제부터는 일본어 능력시험의 유형을 익힌 후, 모의고사를 풀면서 보다 본격적으로 청해 파트에 대비하도록 하자.

2교시 청해

| 시험 과목<br>(시험시간) | 문제유형 | | 유형 설명 | 문항수 |
|---|---|---|---|---|
| 청해<br>(60분) | 問題1 | 과제 이해 | 구체적인 과제 해결에 필요한 정보를 듣고,<br>다음에 일어날 사항을 묻는 문제 | 6 |
| | 問題2 | 포인트 이해 | 대화 혹은 한 사람의 이야기를 듣고, 내용의<br>포인트를 파악하는 문제 | 7 |
| | 問題3 | 개요 이해 | 내용의 전체를 듣고 화자의 의도 및 주장 등을<br>파악하는 문제 | 6 |
| | 問題4 | 즉시 응답 | 짧은 글 또는 대화문을 듣고 적절한 응답을<br>찾는 문제 | 14 |
| | 問題5 | 종합 이해 | 긴 내용을 듣고, 두 개 이상의 정보를 비교·<br>통합하는 문제 | 4 |

문제 유형별 집중 연습

문제1 유형은 구체적인 과제해결에 필요한 대화문(또는 정보)를 듣고, 다음에 해야 할 사항을 찾는 문제로, 총 6문제가 출제된다. 선택지로는 글 외에 그림이나 도표가 제시될 수도 있다. 시험지에 질문사항은 제시되지 않고, 대화가 시작되기 전과 후에 한 번씩 총 2번 들려주므로, 처음에 듣지 못했다 하더라도 당황하지 말고 문제에 임하도록 하자.

그럼, 지금부터 문제1 유형에 대비한 문제를 집중적으로 풀어보자.

# もんだい
# 問題 1

問題1では、まず質問を聞いてください。それから話を聞いて、問題用紙の1から4の中から、正しい答えを一つ選んでください。

## 1番

## 2 番

1 タワー
2 動物園
3 滝
4 免税店

## 3 番

1 コンビニエンスストアへ行って買う
2 新しいレストランへ行って食べる
3 会社の社員食堂へ行って食べる
4 片方の女性の家で食べる

## 4 番

1 デパートでお見舞い用に果物を買う
2 デパートで妻のスカートを買う
3 病院へお見舞いに行く
4 部長の奥さんに電話する

## 5 番

1 ファンデーションを買う
2 マニキュアを買う
3 香水を買う
4 口紅を買う

## 6番

1 カメラで写真を撮る
2 携帯電話のタイマー機能で写真を撮る
3 カメラのバッテリーがないので何も撮らない
4 ビデオで撮影する

## 7番

1 愛
2 見た目
3 経済力
4 仕事の内容

## 8番

1 立候補
2 多数決
3 じゃんけん
4 くじ引き

## 9 番

| 種類 | 値段 | 食べ頃 |
|---|---|---|
| 1　ぶどう狩り | 800円 | 9月 |
| 2　りんご狩り | 750円 | 8月 |
| 3　みかん狩り | 650円 | 7月 |
| 4　もも狩り | 700円 | 10月 |

課外活動 果物狩り

## 10 番

1　釣り

2　野球観戦

3　ドライブ

4　家でのパーティー

## 11 番

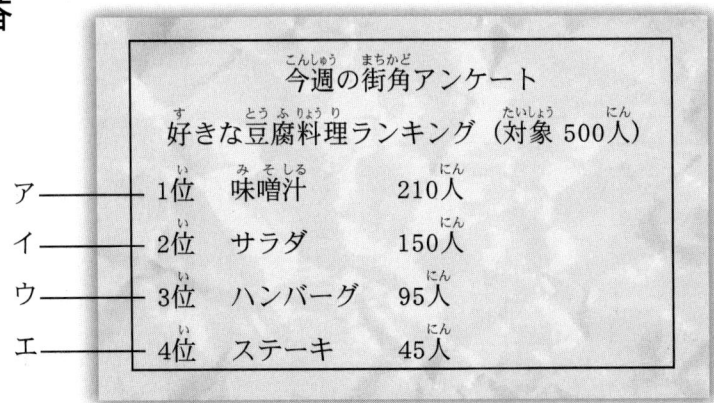

今週の街角アンケート

好きな豆腐料理ランキング（対象500人）

| | | | |
|---|---|---|---|
| ア | 1位 | 味噌汁 | 210人 |
| イ | 2位 | サラダ | 150人 |
| ウ | 3位 | ハンバーグ | 95人 |
| エ | 4位 | ステーキ | 45人 |

1　エ → ウ → イ → ア

2　イ → エ → ウ → ア

3　エ → イ → ウ → ア

4　ウ → エ → イ → ア

## 12 <ruby>番<rt>ばん</rt></ruby>

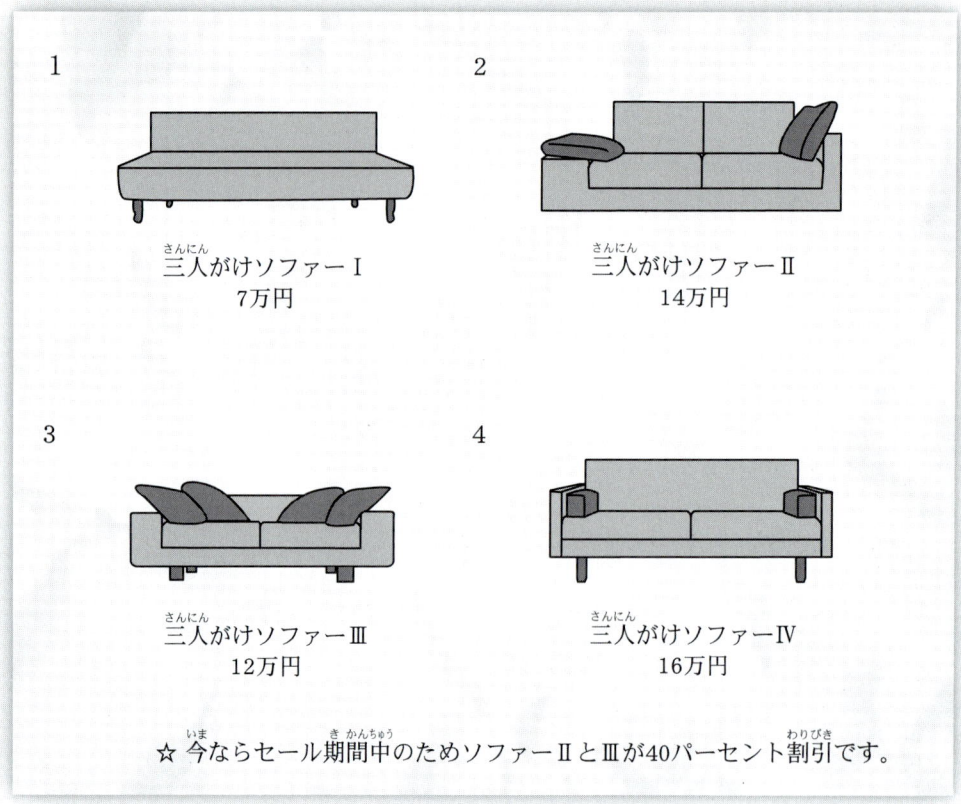

1 三人がけソファーⅠ
7万円

2 三人がけソファーⅡ
14万円

3 三人がけソファーⅢ
12万円

4 三人がけソファーⅣ
16万円

☆ 今ならセール期間中のためソファーⅡとⅢが40パーセント割引です。

## 13 <ruby>番<rt>ばん</rt></ruby>

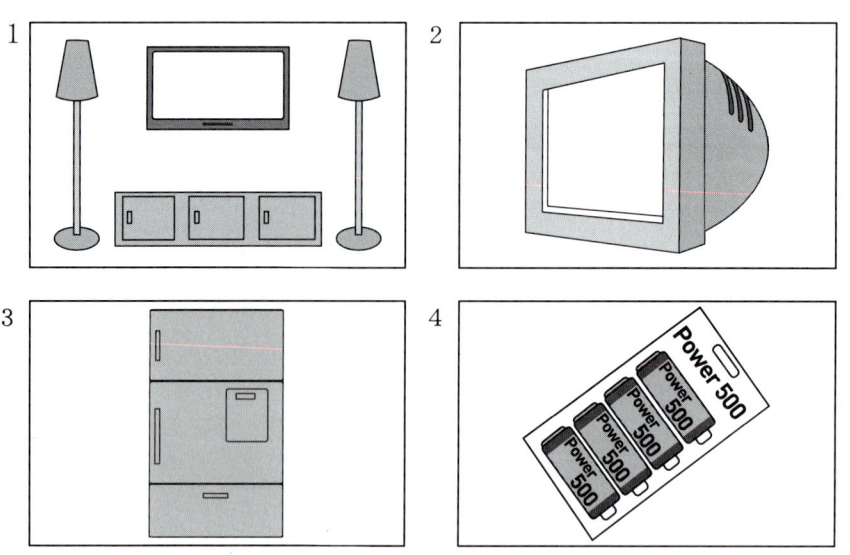

# 14 番
<ruby>番<rt>ばん</rt></ruby>

1 <ruby>映画館<rt>えいがかん</rt></ruby>

2 <ruby>遊園地<rt>ゆうえんち</rt></ruby>

3 <ruby>買<rt>か</rt></ruby>い<ruby>物<rt>もの</rt></ruby>

4 <ruby>先輩<rt>せんぱい</rt></ruby>の<ruby>家<rt>いえ</rt></ruby>

# 15 番
<ruby>番<rt>ばん</rt></ruby>

1 <ruby>宿題<rt>しゅくだい</rt></ruby>を<ruby>集<rt>あつ</rt></ruby>めて<ruby>持<rt>も</rt></ruby>ってくる

2 <ruby>田村君<rt>たむらくん</rt></ruby>に<ruby>事情<rt>じじょう</rt></ruby>を<ruby>聞<rt>き</rt></ruby>く

3 <ruby>田村君<rt>たむらくん</rt></ruby>と<ruby>一緒<rt>いっしょ</rt></ruby>に<ruby>宿題<rt>しゅくだい</rt></ruby>をする

4 <ruby>次<rt>つぎ</rt></ruby>の<ruby>学級委員長<rt>がっきゅういいんちょう</rt></ruby>になる

문제2 유형은 대화 혹은 한 사람이 길게 말하는 내용을 듣고, 내용의 포인트를 파악하는 문제로, 총 7 문제 출제된다. 문제1 유형과 마찬가지로 질문사항은 제시되지 않는다. 먼저 질문사항을 듣고, 시험지에 제시된 선택지를 읽는다.(선택지를 읽는 시간이 주어진다.) 그 다음 내용을 듣고 문제에 답을 하면 된다. 문제2 유형에서도 질문사항은 대화문의 전후에 한 번씩 총 2번 들려준다.

# 問題 2

問題 2 では、まず質問を聞いてください。そのあと、問題用紙の選択肢を読んでください。読む時間があります。それから話を聞いて、問題用紙の 1 から 4 の中から正しい答えを一つ選んでください。

## 1 番

1 お米が好きではないから
2 家がパン屋だから
3 パン屋でアルバイトをしているから
4 彼氏に味見を頼まれているから

## 2 番

1 友達に持ってきてもらう
2 国際速達郵便
3 船便
4 航空便

## 3番
ばん

1 クレジットカード
2 国際郵便為替
こくさいゆうびん かわせ
3 送金小切手
そうきん こ ぎって
4 現金
げんきん

## 4番
ばん

1 子供の誕生日パーティーがあるから
こども たんじょうび
2 親戚の結婚式に出席する予定だから
しんせき けっこんしき しゅっせき よてい
3 芸能人のファンミーティングに行く予定だから
げいのうじん い よてい
4 子供の卒業パーティーを主催するから
こども そつぎょう しゅさい

## 5番
ばん

1 様々な芸ができるようになること
さまざま げい
2 飼い主の犬に対する愛情を高めること
か ぬし いぬ たい あいじょう たか
3 犬が飼い主を敬い、指示に従うようになること
いぬ か ぬし うやま し じ したが
4 恐怖感を感じずに犬に触れられるようになること
きょうふかん かん いぬ ふ

## 6番
ばん

1 近所の人と性格が合わないから
きんじょ ひと せいかく あ
2 安全に不安を感じるから
あんぜん ふあん かん
3 アパートがうるさいから
4 職場にもっと近いところに住みたいから
しょくば ちか す

## 7 番

1 メンバーの一人が旅行にいけないから
2 旅行先の天候がとても悪いから
3 大学で大量の宿題を出されたから
4 旅費が足りないことに気づいたから

## 8 番

1 原料の値段が上がったことから輸出量が減ったから
2 社員が次々とやめてしまったから
3 本社の経営が悪化したから
4 取引先が突然取引をやめると言ってきたから

## 9 番

1 応募申請書
2 過去の作品記録
3 画家についてのレポート
4 応募動機

## 10 番

1 穴が開いていたから
2 履き心地が悪かったから
3 店員がまけてくれなかったから
4 他の店も回りたかったから

# 11 番

1 男性が酒を飲みすぎたせいでいろいろ見て回ることができなかったから
2 女性がショッピング中に勝手に高い洋服を買ったから
3 男性が実家に一日何度も電話をかけたから
4 女性が準備に時間をかけすぎたから

# 12 番

1 肉の表面に汁が浮いてきた時
2 肉の色が茶色に変わってきた時
3 肉の外側が焦げてきた時
4 肉の脂が溶けてきた時

# 13 番

1 適度にゆとりをもつこと
2 前後左右の確認をきちんとすること
3 サインを出した後に車線変更すること
4 他の人よりも先に行こうとすること

# 14 番

1 家族の携帯電話の番号だけを覚える
2 あらかじめ弁護士に相談する
3 本人かどうかすぐに確かめられる環境を作る
4 いつも落ち着いて生活する

## 15 番
<ruby>番<rt>ばん</rt></ruby>

1 <ruby>多<rt>おお</rt></ruby>くの<ruby>人々<rt>ひとびと</rt></ruby>が<ruby>持<rt>も</rt></ruby>つサンタのイメージ

2 モデルとなった<ruby>人物<rt>じんぶつ</rt></ruby>

3 <ruby>金貨<rt>きんか</rt></ruby>を<ruby>他人<rt>たにん</rt></ruby>に<ruby>与<rt>あた</rt></ruby>えるほどの<ruby>財力<rt>ざいりょく</rt></ruby>

4 <ruby>世界中<rt>せかいじゅう</rt></ruby>の<ruby>子供達<rt>こどもたち</rt></ruby>が<ruby>待<rt>ま</rt></ruby>ち<ruby>望<rt>のぞ</rt></ruby>むだけの<ruby>魅力<rt>みりょく</rt></ruby>

## 16 番
<ruby>番<rt>ばん</rt></ruby>

1 お<ruby>母<rt>かあ</rt></ruby>さんとの<ruby>約束<rt>やくそく</rt></ruby>だから

2 <ruby>断<rt>ことわ</rt></ruby>るのが<ruby>面倒<rt>めんどう</rt></ruby>だから

3 カフェインが<ruby>駄目<rt>だめ</rt></ruby>になったから

4 コーヒー<ruby>牛乳<rt>ぎゅうにゅう</rt></ruby>でないから

## 17 番
<ruby>番<rt>ばん</rt></ruby>

1 アクション<ruby>映画<rt>えいが</rt></ruby>

2 <ruby>恋愛映画<rt>れんあいえいが</rt></ruby>

3 ホラー<ruby>映画<rt>えいが</rt></ruby>

4 ドキュメンタリー<ruby>映画<rt>えいが</rt></ruby>

## 18 番
<ruby>番<rt>ばん</rt></ruby>

1 <ruby>肉<rt>にく</rt></ruby>を<ruby>買<rt>か</rt></ruby>う<ruby>為<rt>ため</rt></ruby>

2 <ruby>理想<rt>りそう</rt></ruby>の<ruby>体型<rt>たいけい</rt></ruby>になる<ruby>為<rt>ため</rt></ruby>

3 <ruby>健康<rt>けんこう</rt></ruby>を<ruby>害<rt>がい</rt></ruby>した<ruby>為<rt>ため</rt></ruby>

4 <ruby>欲<rt>ほ</rt></ruby>しい<ruby>服<rt>ふく</rt></ruby>を<ruby>買<rt>か</rt></ruby>ってもらう<ruby>為<rt>ため</rt></ruby>

문제3 유형은 내용의 전체를 듣고 화자의 의도 및 주장 등을 파악하는 문제로 총 6문제 출제된다. 문제 3 유형의 시험지에는 아무것도 인쇄가 되어 있지 않아 질문과 내용 그리고 선택지까지 모두 듣고 정답을 찾아내야 한다. 문제를 잘 듣고 메모한 후, 답을 찾는데 필요한 부분과 선택지까지 모두 정확하게 메모할 수 있도록 해야겠다.

# もんだい
# 問題 3

問題3では、問題用紙に何も印刷されていません。まず話を聞いてください。それから質問と選択肢を聞いて、1から4の中から正しい答えを一つ選んでください。

－ メモ －

문제4 유형은 짧은 대화문은 듣고 정답을 찾아내는 문제로 총 14문제 출제된다. 별도의 질문사항이 주어지는 문제가 아니라, 한 사람의 말에 주어지는 3개의 대답에서 가장 자연스러운 대답을 찾는 문제다. 짧은 내용을 듣고 연속으로 14문제를 풀어야 하는 문제인 만큼, 한 문제에 너무 많은 시간을 할애하면 다음 문제들을 푸는데 지장을 줄 수 있기 때문에 직감적인 감각으로 문제를 풀로 다음 문제로 넘어가야 하겠다. 문제4 유형 역시 시험지에는 아무것도 인쇄되어 있지 않으므로 메모에 힘을 쏟아야 하겠다.

# もんだい
# 問題 4

問題 4 では、問題用紙に何も印刷されていません。まず、文を聞いてください。それからそれに対する返事を聞いて、１から３の中から、正しい答えを一つ選んでください。

－ メモ －

　문제5 유형은 긴 내용을 듣고, 내용 안에서 두 개 이상의 정보를 비교·통합하는 문제로, 4문제 출제된다. 하나의 내용에 1~2개의 질문이 주어지는데, 선택지가 주어지지 않는 질문과 선택지가 주어진 질문으로 구성된다. 질문사항은 내용을 들은 후, 한 번만 제시된다. 다소 긴 내용을 모두 들어야 한다는 부담감이 있기는 하지만, 끝까지 긴장을 풀지말고 집중하여 문제에 임해야 하겠고, 긴 내용을 듣고 질문에 답을 해야 하는 만큼 메모가 매우 중요하다는 것도 잊지 말아야 하겠다.

# もんだい
# 問題 5

問題 5 では長めの話を聞きます。この問題には練習はありません。

## 1 番

問題用紙に何も印刷されていません。まず話を聞いてください。それから、質問と選択肢を聞いて、1 から 4 の中から、正しい答えを一つ選んでください。

－　メモ　－

# 2 番

問題用紙に何も印刷されていません。まず話を聞いてください。それから、質問と選択肢を聞いて、1から4の中から、正しい答えを一つ選んでください。

－メモ－

# 3 番

問題用紙に何も印刷されていません。まず話を聞いてください。それから、質問と選択肢を聞いて、1から4の中から、正しい答えを一つ選んでください。

－メモ－

# 4 番

問題用紙に何も印刷されていません。まず話を聞いてください。それから、質問と選択肢を聞いて、1から4の中から、正しい答えを一つ選んでください。

－メモ－

# 5 番

問題用紙に何も印刷されていません。まず話を聞いてください。それから、質問と選択肢を聞いて、1から4の中から、正しい答えを一つ選んでください。

－メモ－

# 6 番

問題用紙に何も印刷されていません。まず話を聞いてください。それから、質問と選択肢を聞いて、１から４の中から、正しい答えを一つ選んでください。

－メモ－

# 7 番

まず、話を聞いてください。それから、二つの質問を聞いて、それぞれ問題用紙の
1から4の中から、正しい答えを一つ選んでください。

## 質問 1

1 かつらをかぶる
2 白髪を染めてパーマをかける
3 白髪を染めずにパーマをかける
4 白髪を染めてかなり短く切る

## 質問 2

1 子供の学校で他の親に会い、若く見えるので羨ましかった
2 お父さんが禿げていても構わない
3 お父さんが会社で女性に人気があるので心配だ
4 お父さんに自分の好みに合わせた髪形にしてほしい

# 8 番

まず、話を聞いてください。それから、二つの質問を聞いて、それぞれ問題用紙の
1から4の中から、正しい答えを一つ選んでください。

## 質問 1

1 電子レンジのにおい消し
2 カレーの保存
3 食器洗い
4 部屋の埃取り

## 質問 2

1 みかんの皮
2 牛乳パック
3 卵の殻
4 ストッキング

# 9 番

まず、話を聞いてください。それから、二つの質問を聞いて、それぞれ問題用紙の
1から4の中から、正しい答えを一つ選んでください。

## 質問 1

1 和食の店

2 洋食の店

3 中華の店

4 ファーストフード店

## 質問 2

1 予約していた客が予約の時間をずらしたから

2 カップルが元々その席を予約していたから

3 カップルの女性がその席に座りたがっていたから

4 店の手違いでその席の予約が明日だったから

## 10 番

まず、話を聞いてください。それから、二つの質問を聞いて、それぞれ問題用紙の
1から4の中から、正しい答えを一つ選んでください。

### 質問 1

1 流行っていなかったから
2 友達と一緒のパーマにしたくなかったから
3 髪を伸ばそうとしていたから
4 パーマができる髪の長さではなかったから

### 質問 2

1 毛先だけを軽く当てるパーマ
2 真ん中よりも毛先を強く当てるパーマ
3 真ん中の部分だけを軽く当てるパーマ
4 毛先よりも真ん中の部分を強く当てるパーマ

# 11 番

まず、話を聞いてください。それから、二つの質問を聞いて、それぞれ問題用紙の
1から4の中から、正しい答えを一つ選んでください。

## 質問 1

1 患者がとても怖がっていたから
2 歯を抜く時は朝から何も食べていない状態でないといけないから
3 歯磨きの説明を詳しくしようとしたから
4 歯がとても黄色いために抜きにくい状態だったから

## 質問 2

1 歯によって歯ブラシを持つ方向を変えて磨く
2 磨きにくい歯は歯ブラシを横に持って磨く
3 前歯と奥歯だけをしっかり磨く
4 全体的に力を入れて磨く

# 12 番

まず、話を聞いてください。それから、二つの質問を聞いて、それぞれ問題用紙の
1 から 4 の中から、正しい答えを一つ選んでください。


## 質問 1

1 体操教室に行きたいから
2 友達が皆出来るから
3 お父さんが先生だから
4 一生懸命練習がしたいから


## 質問 2

1 娘が飽きっぽいから
2 既にピアノ教室へ通っているから
3 最近忙しいから
4 他の友達の方が上手いから

# 13 番

まず、話を聞いてください。それから、二つの質問を聞いて、それぞれ問題用紙の
1から4の中から、正しい答えを一つ選んでください。

## 質問 1

1 部長が警備のことを忘れていたから
2 舞台の準備があるから
3 部長が動ける状態でないから
4 舞台の片付けで間に合わないから

## 質問 2

1 10時

2 1時

3 3時

4 5時

N1

# 실전 대비 모의고사

## 제 1 회

聴解

# 問題 1

問題1では、まず質問を聞いてください。それから話を聞いて、問題用紙の1から4の中から、正しい答えを一つ選んでください。

## 1番

1 1枚で無臭
2 1枚で匂い付き
3 2枚重ねで無臭
4 2枚重ねで匂い付き

## 2番

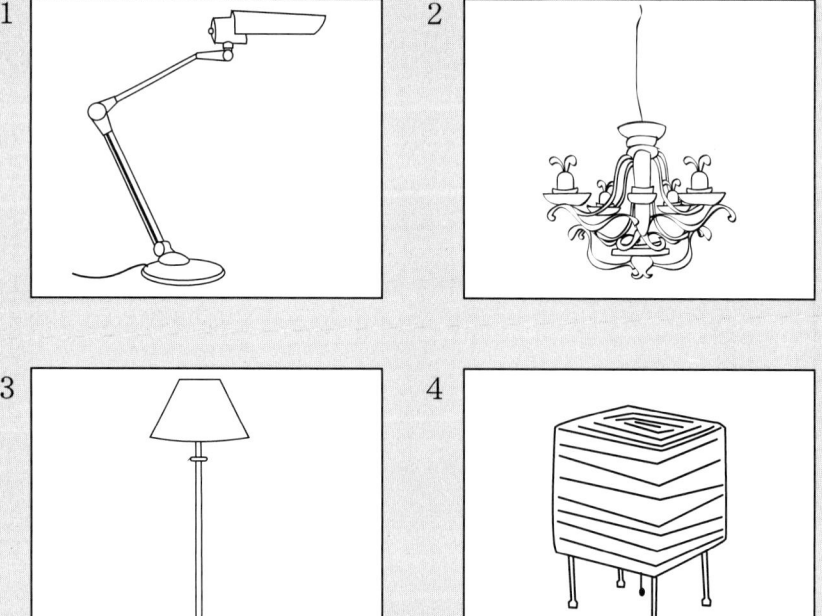

3 番

1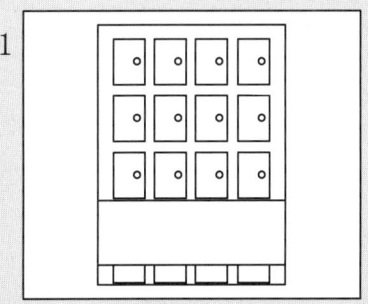
2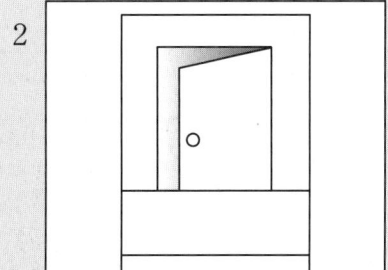

3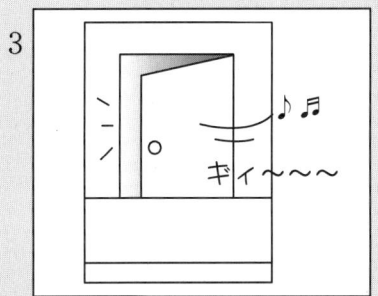
4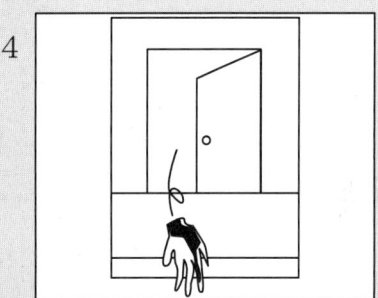

4 番

|  | 先生 |  | 運転手 |  |
|---|---|---|---|---|
| 1 | ▦ | ▦ |  |  |
|  |  |  |  |  |
|  |  |  |  |  |
|  |  |  |  |  |
|  |  |  |  |  |
|  |  | ▦ |  |  |
| 2 |  | ▦ |  |  |
| 3 | ▦ | ▦ |  |  |
| 4 | ▦ | ▦ |  |  |

## 5 番

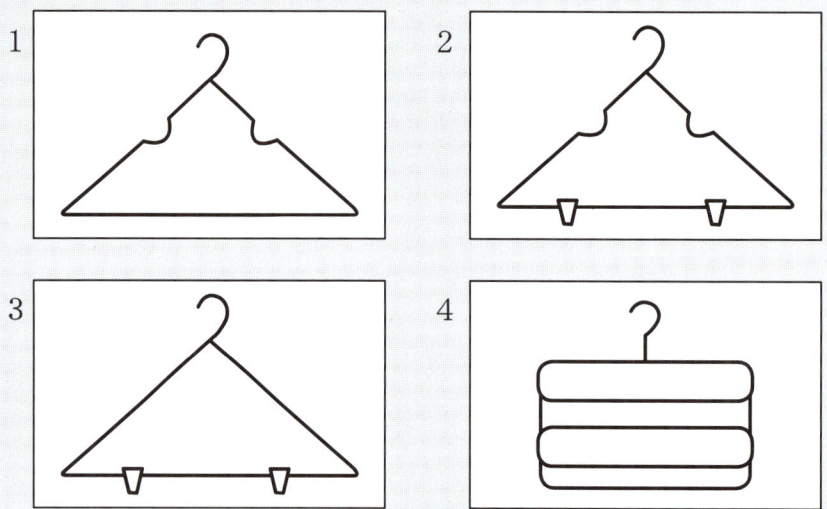

## 6 番

1 2.5×3cmと4×5cmの合計5枚

2 3×4cmと4×5cmの合計3枚

3 3.5×4.5cmと4×5cmの合計6枚

4 3×4cm枚のみを6枚

# 問題 2

問題2では、まず質問を聞いてください。そのあと、問題用紙の選択肢を読んでください。読む時間があります。それから話を聞いて、問題用紙の1から4の中から正しい答えを一つ選んでください。

## 1番

1 西日を遮るため
2 映画館のような気分を演出するため
3 着替えるから
4 向かいのマンションから部屋の中を見られないようにするため

## 2番

1 ゴミを出す曜日が間違っていたから
2 大家さんが勘違いしたから
3 ゴミを出す時間帯が違っていたから
4 ゴミの分類方法が違っていたから

## 3番

1 風邪で具合が悪いから

2 アルバイトで夜勤をしなければならないから

3 大学教授の実験の被験者だから

4 前日の徹夜のせいで疲労が蓄積しているから

## 4番

1 妻がきのこ狩りに行ってきたから

2 商店街できのこの安売りがあったから

3 商店街のくじ引きに当選したから

4 近所の人がきのこをくれたから

## 5番

1 バスを降りる際に乗車料金を支払う点

2 乗車料金がどこまで乗っても一律180円である点

3 乗り口と降り口が前後ろ反対である点

4 車内でラジオがずっと流れていた点

6 番
<ruby>番<rt>ばん</rt></ruby>

1 イメージチェンジをしたいから
2 コンタクトの調子が悪いから
3 視力回復の手術を控えているから
4 裸眼だと視力が良すぎて気持ちが悪くなるから

7 番
<ruby>番<rt>ばん</rt></ruby>

1 彼女ができたから
2 練習不足だから
3 男性の手品ショーで客のマナーが悪く、気分を害したから
4 手品中に客に口を挟まれてもそれを上手く交わすすべを知らないから

# 問題 3

問題 3 では、問題用紙に何も印刷されていません。まず話を聞いてください。それから質問と選択肢を聞いて、1 から 4 の中から正しい答えを一つ選んでください。

－ メモ －

# 問題 4

問題4では、問題用紙に何も印刷されていません。まず、文を聞いてください。
それからそれに対する返事を聞いて、1から3の中から、正しい答えを一つ選んで
ください。

－ メモ －

問題 5 では長めの話を聞きます。この問題には練習はありません。

## 1 番

問題用紙に何も印刷されていません。まず話を聞いてください。それから、質問と選択肢を聞いて、1 から 4 の中から、正しい答えを一つ選んでください。

－ メモ －

## 2 番

問題用紙に何も印刷されていません。まず話を聞いてください。それから、質問と選択肢を聞いて、1 から 4 の中から、正しい答えを一つ選んでください。

－ メモ －

# 3番

まず、話を聞いてください。それから、二つの質問を聞いて、それぞれ問題用紙の
1から4の中から、正しい答えを一つ選んでください。

## 質問1

1 美術関連の新しいボランティア企画を考えること
2 市の職員とヨーロッパへ視察旅行に行くこと
3 教会のだまし絵を美術大学の生徒と一緒に描くこと
4 駅前の壁に絵を描くこと

## 質問2

1 市の住民数を増やすこと
2 街の風景をヨーロッパ風にすること
3 駅前の放置自転車の防止
4 駅前を再開発して活性化させること

N1

실전 대비 모의고사

제2회

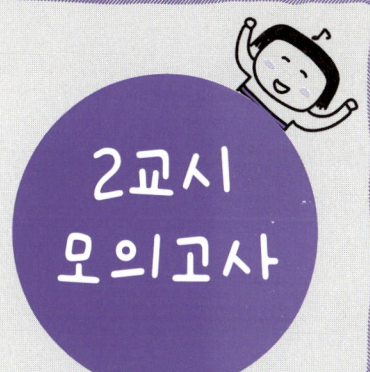

# 聴解

# 問題 1

問題1では、まず質問を聞いてください。それから話を聞いて、問題用紙の1から4の中から、正しい答えを一つ選んでください。

## 1番

1 とんかつ定食
2 うどん定食
3 そば定食
4 焼き魚定食

## 2番

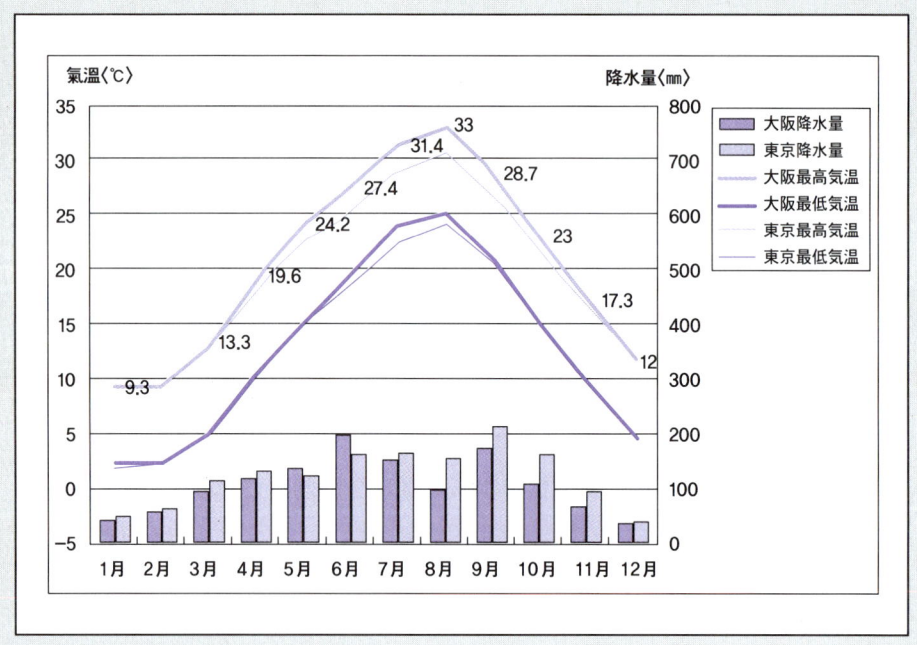

1 1月　　　　　　　　　2 3月
3 9月　　　　　　　　　4 11月

# 3番

1 カツ丼を食べること

2 カラオケに行くこと

3 静かで緑が多い場所に行くこと

4 音楽を聞くこと

# 4番

買い物リスト（カレーの材料）

□ にんじん（4本）　　　　　──────── ア

□ 玉ねぎ（3つ）　　　　　──────── イ

□ ジャガイモ（4つ）　　　──────── ウ

□ マッシュルーム（1袋）　──────── エ

□ 牛肉（400グラム）　　　──────── オ

□ カレーのルー（1パック）──────── カ

＊かごに入れたものは横の四角に

　チェックしてね。

1 エ　オ

2 ウ　エ

3 ウ　オ

4 オ　カ

# 5番

1 部長に報告する
2 会議の資料を訂正する
3 会議の資料を探す
4 机の上を整理する

# 6番

# 問題2

問題2では、まず質問を聞いてください。そのあと、問題用紙の選択肢を読んでください。読む時間があります。それから話を聞いて、問題用紙の1から4の中から正しい答えを一つ選んでください。

## 1番

1 家庭の事情で学費が払えなくなったから
2 引っ越しすることになったから
3 母が自分の学校で働くことになったから
4 クラスがつまらなかったから

## 2番

1 脳の働きの中心を担っているもの
2 活発にすることで脳以外の部分を健康にしてくれるもの
3 運動をする時に必要なもの
4 記憶力のみに大きな影響を与えるもの

## 3番
ばん

1 現実的ではないから
げんじつてき

2 明るい内容が好きだから
あか　　ないよう　す

3 主人公がかわいそうだから
しゅじんこう

4 ドラマという気がしないから
き

## 4番
ばん

1 父と母
ちち　はは

2 父と息子
ちち　むすこ

3 母と娘
はは　むすめ

4 息子と娘
むすこ　むすめ

## 5番
ばん

1 勘が鋭いから
かん　するど

2 怒るとなかなか機嫌が直らないから
おこ　　　　　　きげん　なお

3 すぐに手を出してくるから
て　だ

4 言葉にとげがあるから
ことば

## 6番

1 水で冷やす
2 病院で診てもらう
3 熱があるものを子供の近くに置かない
4 電気毛布などを使わせない

## 7番

1 氷の結晶に水蒸気がくっついて成長したもの
2 氷の結晶が水滴になったもの
3 水蒸気が凍ってできた氷の塊のこと
4 凍った氷の粒が凍って成長したもの

もんだい　　　　　もんだいようし　し　　　なに　いんさつ　　　　　　　　　　　　　　　　　　はなし　き
問題 3 では、問題用紙に何も印刷されていません。まず話を聞いてください。それか
しつもん　せんたくし　き　　　　　　　　なか　　ただ　　こた　　　えら
ら質問と選択肢を聞いて、1 から 4 の中から正しい答えを一つ選んでください。

－　メモ　－

# <ruby>問題<rt>もんだい</rt></ruby> 4

<ruby>問題<rt>もんだい</rt></ruby> 4 では、<ruby>問題用紙<rt>もんだいようし</rt></ruby>に<ruby>何<rt>なに</rt></ruby>も<ruby>印刷<rt>いんさつ</rt></ruby>されていません。まず、<ruby>文<rt>ぶん</rt></ruby>を<ruby>聞<rt>き</rt></ruby>いてください。それからそれに<ruby>対<rt>たい</rt></ruby>する<ruby>返事<rt>へんじ</rt></ruby>を<ruby>聞<rt>き</rt></ruby>いて、1 から 3 の<ruby>中<rt>なか</rt></ruby>から、<ruby>正<rt>ただ</rt></ruby>しい<ruby>答<rt>こた</rt></ruby>えを<ruby>一<rt>ひと</rt></ruby>つ<ruby>選<rt>えら</rt></ruby>んでください。

－ メモ －

## 問題 5

問題5では長めの話を聞きます。この問題には練習はありません。

## 1 番

問題用紙に何も印刷されていません。まず話を聞いてください。それから、質問と選択肢を聞いて、1から4の中から、正しい答えを一つ選んでください。

－　メモ　－

## 2 番

問題用紙に何も印刷されていません。まず話を聞いてください。それから、質問と選択肢を聞いて、1から4の中から、正しい答えを一つ選んでください。

－　メモ　－

# 3番

まず、話を聞いてください。それから、二つの質問を聞いて、それぞれ問題用紙の
1から4の中から、正しい答えを一つ選んでください。

## 質問 1

1 主人公が悪ではない
2 原作の漫画もある
3 主人公に感情移入する
4 昨日放送されていた

## 質問 2

1 本は重いから
2 原作から外れているから
3 漫画の絵が好きじゃないから
4 原作の漫画の冊数が多いから

# 실전 대비 모의고사

# 제 3 회

# 聴解

問題1では、まず質問を聞いてください。それから話を聞いて、問題用紙の1から4の中から、正しい答えを一つ選んでください。

## 1番

1 住んでいる地区の役所の窓口に行く
2 戸籍の写しをもらいに行く
3 大使館に書類を申請する
4 翻訳会社に書類の翻訳を依頼する

## 2番

1 国語辞典
2 写真集
3 小説
4 戯曲集

3 <ruby>番<rt>ばん</rt></ruby>

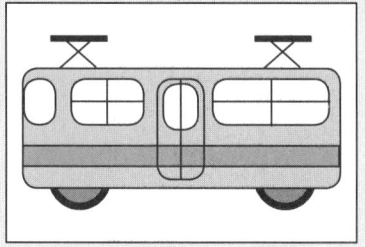

4 <ruby>番<rt>ばん</rt></ruby>

1 <ruby>病院<rt>びょういん</rt></ruby>に<ruby>行<rt>い</rt></ruby>く
2 <ruby>保険会社<rt>ほけんがいしゃ</rt></ruby>に<ruby>電話<rt>でんわ</rt></ruby>する
3 <ruby>銀行<rt>ぎんこう</rt></ruby>へ<ruby>行<rt>い</rt></ruby>く
4 <ruby>友達<rt>ともだち</rt></ruby>に<ruby>電話<rt>でんわ</rt></ruby>する

## 5番

1 化粧室で口紅を塗る

2 フロントでお客様の応対をする

3 コンビニエンスストアで買い物をする

4 事務室で新しい靴に履き替える

## 6番

1 高級レストランで

2 渋谷の交差点の大画面を使って

3 飛行機の機内放送で

4 ラジオ放送を通して

# 問題 2

問題 2 では、まず質問を聞いてください。そのあと、問題用紙の選択肢を読んでください。読む時間があります。それから話を聞いて、問題用紙の 1 から 4 の中から正しい答えを一つ選んでください。

## 1 番

1　日本人だと料理の値段を高くされるから
2　日本人は英語が下手なので面倒だと思われるから
3　日本人にはウサギ料理を出すことになっているから
4　日本語の単語が別のフィンランド語の単語に聞こえるから

## 2 番

1　日本を代表する木だから
2　風を防ぐための防風林になるから
3　非常時に便利だから
4　おめでたい木だから

## 3番

1 昨日一人で宿題をやらされたから
2 列に割り込まれた上にバスに座れなかったから
3 若い年代の人はマナーがないから
4 男子学生が割り込みをしているのを見たから

## 4番

1 南アフリカの首都が3つもあったから
2 子供が首都の名前を全部言えたから
3 子供が熱を出したから
4 子供が急に勉強しだしたから

## 5番

1 生徒が宿題を提出してくれないから
2 仕事と論文の優先順位をつけられないから
3 休職したいが夫から反対されているから
4 休職すると自分の人気が下がってしまうから

## 6番

1　親友を失いたくないから
2　親友は商売に向いてないから
3　親友は別にやりたいことがあるから
4　親友に迷惑をかけたくないから

## 7番

1　兄弟で体操着を貸し借りしたから
2　兄からお下がりをもらったから
3　他の二年生と入学年度が違うから
4　最近転校してきたから

# 問題 3

問題 3 では、問題用紙に何も印刷されていません。まず話を聞いてください。それから質問と選択肢を聞いて、1 から 4 の中から正しい答えを一つ選んでください。


－　メモ　－

# 問題 4

問題 4 では、問題用紙に何も印刷されていません。まず、文を聞いてください。それからそれに対する返事を聞いて、1 から 3 の中から、正しい答えを一つ選んでください。

－ メモ －

もんだい
# 問題 5

問題 5 では長めの話を聞きます。この問題には練習はありません。

ばん
## 1 番

問題用紙に何も印刷されていません。まず話を聞いてください。それから、質問と選択肢を聞いて、1 から 4 の中から、正しい答えを一つ選んでください。

－ メモ －

ばん
## 2 番

問題用紙に何も印刷されていません。まず話を聞いてください。それから、質問と選択肢を聞いて、1 から 4 の中から、正しい答えを一つ選んでください。

－ メモ －

# 3番

まず、話を聞いてください。それから、二つの質問を聞いて、それぞれ問題用紙の 1 から 4 の中から、正しい答えを一つ選んでください。

## 質問 1

1 牙がある
2 角がある
3 体が巨大である
4 色が赤色だけである

## 質問 2

1 鬼と自分が似ていると言われたから
2 息子の悪いところが自分に似たのだと言われたから
3 息子がいつも現実的だから
4 自分だけ豆まきが出来なかったから

스크립트 & 정답

# 聴解

M：男性、男の子
F：女性、女の子

## 1. 기본 연습

### (1) 발음

**가. 비슷한 발음** → 문제 p.10

| | |
|---|---|
| 1. あんこ | 2. じゅこう(受講) |
| 3. いち(一) | 4. すみれ |
| 5. えんぽう(遠方) | 6. おと(音) |
| 7. めんたい | 8. せいぞう(製造) |
| 9. ひゃく(百) | 10. ほうそく(法則) |
| 11. ちゅうい(注意) | 12. みこん(未婚) |
| 13. めいろ(迷路) | 14. さお(竿) |
| 15. ナイス | 16. くつう(苦痛) |
| 17. へんそく(変則) | 18. しあい(試合) |
| 19. ぬま(沼) | 20. きゅうしゃ(旧社) |

**나. 탁음과 반탁음** → 문제 p.11

| | |
|---|---|
| 1. ぞっこう(続行) | 2. ボール |
| 3. ばんそう(伴奏) | 4. ビーチ |
| 5. カープ | 6. パット |
| 7. ひょうし(表紙) | 8. ぎゅうにゅう(牛乳) |
| 9. ベンチ | 10. はんこ |
| 11. プラン | 12. しゅどう(手動) |
| 13. ペンチ | 14. しゃどう(車道) |
| 15. ぶかぶか | 16. ごま |
| 17. ぎゃっこう(逆行) | 18. たいきん(大金) |
| 19. じゅよう(需要) | 20. ひゃくだん |

**다. 촉음과 장음** → 문제 p.11

| | |
|---|---|
| 1. しょっき(食器) | 2. テーブル |
| 3. アクセサリー | 4. シャッター |
| 5. ショッピング | 6. パーティー |
| 7. あさり | 8. まっち |
| 9. おばあさん | 10. でたらめ |
| 11. じょうきゃく(乗客) | 12. にいさん |
| 13. カレー | 14. コク |
| 15. ガーター | 16. すっぱい |
| 17. うっとうしい | 18. でっかい |
| 19. ちず(地図) | 20. クッキー |

**라. 발음과 기타** → 문제 p.12

| | |
|---|---|
| 1. かんかく(感覚) | 2. とち(土地) |
| 3. かんがい | 4. だんかい(段階) |
| 5. びぼう(美貌) | 6. りんじ(臨時) |
| 7. けんげん(権限) | 8. ほね(骨) |
| 9. てんねん(天然) | 10. まんねんひつ(万年筆) |
| 11. かけい(家計) | 12. ふんだん |
| 13. してん(支店) | 14. みんよう(民謡) |
| 15. はらん(波乱) | 16. コンセント |
| 17. りょかん(旅館) | 18. ぼやり |
| 19. そしつ(素質) | 20. きんこう(均衡) |

🎧 15-16

---

(例) M：このネクタイどう？

F：いいんじゃない？

---

1. M：悪いけど、こっち手伝ってくれる？

F：今、ちょっと…。

2. F：明日の発表の準備の方は進んでる？

M：まあ、それなりにね。

3. F：明日の試合、頑張ってね。

M：うん。でも、相手強いからなぁ。

4. M：映画本当に面白かったな。

F：そ〜う？…良かったわね。

5. F：今日の夕飯、お寿司でも食べに行く？

M：また？

6. M：悩みがあるんだけど、聞いてくれる？

F：えっ？何？どうかしたの？

7. F：携帯忘れちゃって…。貸してくれない？

M：え〜、しょうがないなぁ。

8. F：ワインに合うのはチーズでしょ。

M：やっぱりそうか。

9. F：釣りを始めてみようと思うんだけど難しいかな？

M：そうでもないと思うよ。

10. F：私の演奏、どうだった？

M：うん、まあまあ良かったよ。

11. F：今度の文化祭、私と一緒に店出さない？

M：おっ、いいねぇ〜。

12. M：売店行くんだったら僕の分も買ってきて。

F：え〜？また？

13. M：今でもお化けって怖い？

F：こ…怖いわけな…ないでしょ！

14. F：この問題がどうしても分からないんだけど、教えてくれない？

M：うん、後でね。

15. F：こんなに雨降ってるのに練習するの？

M：う〜ん…、監督に怒られるよりましだから。

16. M：君のお母さんの誕生日プレゼントにこの帽子よくないか？

F：そうねぇ…でも、せっかくだからもう少し見ましょう。

17. M：食事も済んだことですし、お茶でも飲みに行きますか？

F：お茶ですか？ぜひ。

18. M： このクイズの答え知ってるだろ？ 教えてくれよ。

　 F： さあね、どうだろう。

19. F： この雑誌のモデルの女の子、かわいいと思わない？

　 M： う～ん、かわいい方かもね。

20. F： 企画書縦より横に書いたほうが分かりやすいと思わない？

　 M： そう言われてみれば、そうかもね。

→ 문제 p.17　🎧 17-01 ⋯⋯⋯⋯⋯⋯⋯⋯⋯⋯⋯⋯⋯⋯⋯⋯⋯⋯⋯⋯⋯⋯⋯⋯⋯⋯

1. 男性と女性が話しています。女性はまず、何をしなければいけませんか。

　 M： この天気だと、今日の夜あたりに台風が来そうだな。

　 F： 本当に？ どうしよう、庭の鉢とかを家の中に入れておかないとね。

　 M： それよりも、家を守ることを考えないと。

　 F： そっか…。でも、何をすればいいの？

　 M： 家の屋根とかが飛ばされないように補強したり、風や雨が家の中に入ってこないように窓をテープで止めたりするといいと思うよ。

　 F： 分かったわ、ありがとう。

　 M： …でも、その前に家の中、片付けたほうがよさそうだね。

　 F： そうね、そうするわ。

→ 문제 p.17　🎧 17-02 ⋯⋯⋯⋯⋯⋯⋯⋯⋯⋯⋯⋯⋯⋯⋯⋯⋯⋯⋯⋯⋯⋯⋯⋯⋯⋯

2. 男性と女性が話しています。二人はどこで会うことになっていましたか。

　 M： もしもし。約束今日じゃなかったっけ？

　 F： うん、そうよ。もしかして忘れてたの？ 私ずっと待ってるのに。

　 M： えっ？ 僕はてっきり君が約束を忘れてたもんだと…僕も30分近く待ってるんだけど。

　 F： おかしいわね。昨日電話で2時に第四ホールの入口で待ち合わせって言ってたわよね。

　 M： 違うよ。始めは第三ホールの入口って言ってたんだよ。でも入口の前が混むから待ち合わせをホールの中の受付の前にしようって言ったじゃん。

F : そうだっけ？

M : 君も分かったって言ってたのに…。

F : あぁ、思い出した。ごめんね。今そっちに行くから。

→ 문제 p.17 🎧 17-03 ..........................................

3. 男性と女性が話しています。女性は朝どうすると頭が動きやすいと言っていますか。

M : おはよう。

F : おはよう。またコンビニのおにぎり食べてるの？

M : うん。朝はいつも時間がなくて。

F : それは分かるけど、朝ごはんが三食の中で一番大事なのよ。朝はたくさん食べないと。

M : これ、おにぎり三つ目だよ。

F : 量だけの問題じゃなくて、コンビニのおにぎりだけじゃ必要な栄養をとれないでしょ！
健康のことを考えなきゃ。後、朝に糖分をとるといいらしいわよ。

M : そうなんだ。

F : うん。頭が働きやすくなるんですって。

→ 문제 p.17 🎧 17-04 ..........................................

4. 試合が終わった選手にアナウンサーがインタビューしています。選手は試合になぜ勝てな
かったと言っていますか。

F : 試合お疲れ様でした。試合後の感想を一言お願いします。

M : 残念な結果で観客の皆様の期待にこたえることができなかったのが申し訳ないです。

F : 惜しくも負けてしまった原因は何だと思われますか？

M : そうですね…。試合の前に練習があまりできなかったことですかね。前の試合で足にケ
ガをしてしまって治すのに時間がかかってしまいまして。

F : そうだったんですか…。足はもう大丈夫なんですか？

M : はい。でも、それよりも相手の選手の技術などを研究していたら少ししか練習しなくて
も勝てたはずだと思います。私の勉強不足です。

F : そうですか。次の試合は頑張ってください。期待しています。

→ 문제 p.17 🎧 17-05 ............................................................

5. 女子学生が教授とスピーチの練習をしています。教授は女子学生のスピーチのどこがよかったと言っていますか。

F：…以上でスピーチを終わります。

M：お疲れ様。

F：私のスピーチ、どうでしたか？

M：内容が少し複雑だったので、もう少し分かりやすくしてみてください。それと途中から話すスピードが速くなってしまったので、そこも気をつけてください。

F：すいません。当日は気をつけます。

M：あと、今マイクが故障していて当日マイクなしで話さないといけないかもしれないので、大きい声で話せるようにしておいてください。

F：分かりました。

M：そうだ。専門用語の説明は分かりやすくできていたので、当日もその調子で頑張ってください。

F：ありがとうございます。

## (5) 필요정보를 찾아 듣는다

→ 문제 p.18 🎧 18-01 ............................................................

1. 駅員に女性が質問しています。女性はどのバスに乗ることにしましたか。

F：すみません。中央図書館に行きたいんですが、行き方を教えていただけませんか？

M：いいですよ。中央図書館は歩いて行くには少し遠いので、バスで行くのが便利ですよ。

F：どのバスに乗ればいいですか？

M：今、ちょっと確認しますね。ここから一番早く行けるバスは…100番ですね。

F：そうですか。バス停はどこですか？

M：あっ、ちょっと待ってください。100番バスは先週から止まるバス停が変更になって図書館の方には行かないですね。150番なら行きますね。でも150番は遠回りをするので、時間がかかるかもしれません。

F：できれば早く行きたいんですが…。

M：では、乗り換えしてはどうですか？　途中まで100番に乗って250番に乗り換えるか、途中まで200番に乗って250番に乗り換える方が150番で行くよりも速いと思

います。

F：ありがとうございます。でも、乗り換えはややこしいので、時間がかかるかもしれませんが、これで行きます。

→ 문제 p.18 🎧 18-02 ...................................................................

2. 料理教室の先生が話しています。皮にしわがないものが新鮮なのはどの野菜ですか。

F：今日は新鮮な野菜の見分け方をお教えしたいと思います。まずはピーマンですが、ヘタの切り口が新しく、つやがあり、果肉に厚みのあるものが新鮮です。次に、ブロッコリーです。ブロッコリーは花が咲いておらず、引き締まって中央がこんもりと盛り上がったものがいいでしょう。真ん中がふくらんでいるものが新鮮です。少し紫色の部分があるブロッコリーもありますが、それは腐っているのではないので買っても大丈夫です。次にじゃがいもです。じゃがいもはふっくらとして皮にしわがないのが新鮮な証拠です。皮が緑色だったり、大型で変形したものは避けるようにしましょう。最後にさつまいもです。皮の色が鮮やかで色むらがなくなめらかなものを選んでください。デコボコなものや傷ありのものは新鮮ではありません。以上で終わります。

→ 문제 p.18 🎧 18-03 ...................................................................

3. 男性が彼女にプレゼントする花を探しています。男性はどの花を買うことにしましたか。

F：いらっしゃいませ。

M：彼女の誕生日にチューリップをプレゼントしたいんですけど、ありますか？

F：はい、ありますよ。色は何色がよろしいですか？

M：彼女、赤が好きなので、赤でお願いします。

F：すいません。今、店にあるのが、黄色いのと白いのしかないんです。赤いバラかカーネーションでしたら、ご用意できるんですが…。

M：こまったな。彼女、誕生日に赤いチューリップが欲しいって言てたんだよな。おっ、この花きれいだな。

F：こちらは、カラーという花です。女性の方から人気がありますよ。

M：この花も白とピンクだけですか。

F：はい。そうなんです。

M：う～ん、色が違ってもしょうがないか、彼女が欲しいといっていたので、この花をください。

→ 문제 p.18 🎧 18-04 ............................................................

4. 男子学生と女子学生が話しています。女子学生は通学する時、どの駅で乗り換えると言っていますか。

M：僕、昨日学校の近くに引っ越してきたんだ。

F：へぇ～、そうなんだ。じゃあ、学校まで近くなったんじゃない？

M：うん。歩いて5分ぐらいかな。ほんと通うのが楽になったよ。

F：いいなぁ～。私は学校まで1時間かかるから通学だけで大変だよ。

M：そっかー。学校の最寄駅まで一本で来られるの？

F：ううん。乗り換えなきゃならないから余計大変よ。市田駅が私の家の近くの駅なんだけど、そっから高間駅まで行って、そこで西線に乗り換えないといけないの。

M：でも、学校の最寄駅の山野駅は東線だよね。

F：うん。だから西線で豊下駅まで行って、また東線に乗り換えて山野駅まで通ってるの。

M：へぇ～、それは大変そうだね。

F：うん。部活もしてるからほんとにしんどいよ。

→ 문제 p.18 🎧 18-05 ............................................................

5. 女性が検査結果を医者に聞いています。医者は女性の体のどの部分があまりよくないと言っていますか。

F：先生、検査の結果どうでしたか？

M：え～っとですね。この部分がですね、少々炎症を起こしていました。最近、下腹に張った感じがしたり、痛くなったりしたことはありませんか？

F：そう言われてみれば、時々痛かったように思います。

M：薬を出しときますからちゃんと飲んでくださいね。また、痛むようだったらすぐに病院に来るようにしてください。

F：分かりました。ありがとうございます。

M：他の部分には異常はありませんでした。

F：ありがとうございました。

→ 문제 p.19 🎧 19-01 ....................................................................

1. 先生が講義で哺乳類について話しています。先生は哺乳類の毛はどういう働きをすると言っていますか。

M：これから、哺乳類について説明したいと思います。哺乳類とは、脊椎動物と言われる背骨のある動物で、私たち人間と同じ仲間です。哺乳類は一般に卵を産まず、母親のおなかの中で、ある程度まで成長して生まれてきます。生まれた子どもは母親からお乳をもらって育ちます。また、体に毛が生えていることも哺乳類の特徴です。この毛は体を守ったり、体温を一定に保つのに役立ちます。現在、哺乳類は海や木の上や土の中など色々な場所にすんでいます。足がヒレのような形になったり、手やつめが長くなったり、それぞれの種類が、すむ場所において適応した形になっています。様々な形に進化をとげた哺乳類ですが、日本では約200種が確認されています。以上です。

→ 문제 p.19 🎧 19-02 ....................................................................

2. 男子留学生と女子学生が話しています。女子学生が問題だと言っていることは何ですか。

M：ちょっと聞きたいことがあるんだけど。

F：何？

M：今日、日本語の授業で誇りと名誉っていう単語を習ったんだ。でも、その二つの意味の区別がつかなくて…。教えてくれない？

F：いいよ。名誉っていうのはある人が特定の会社のなかで、他人や世間から受けている評価のことよ。

M：じゃあ、誇りは？

F：誇りっていうのは自分自信が恥じることのない生き方をしているとき、自然に生じてくる自尊の感情のことなのよ。もっと簡単に言えば、名誉は人から与えられるもので、誇りは自分自信から湧き上がってくるものってゆうことなのよ。分かった？

M：う～ん…。でも最近よく、誇りを傷つけられたとか、名誉がもてないっていう言葉をよく聞くよ。

F：そうなのよね。そこが問題なのよ。二つの言葉が同じように使われてしまってるんだもん。

→ 문제 p.19 🎧 19-03

3. 男性がアンケートの結果について発表しています。この結果で男性が手帳を買うときに重要視するところはどこですか。

M：スケジュール管理にどんなツールを使っているかというアンケートの結果、最も多かった回答は「ノート型とじ手帳」で30.3％。次いで「携帯電話」、「カレンダー」、「システム手帳」でした。このうち、ノート型とじ手帳とシステム手帳をメインに使っている人にその理由を聞きました。その結果、「自由に書くことができ、使い方に制限がない」「文字を入力するより手書きの方が手軽」「一覧しやすい」といった回答が上位にならびました。男女別に見ると、男性は主に実用性を重視しているのに対し、女性は「手帳に書きためるのが楽しい」「手書きの文字に愛着がわく」など、手帳に書くこと自体を楽しんでいる人が多いようです。

→ 문제 p.19 🎧 19-04

4. 妻と夫が話しています。夫は妻に対してどういう気持ちですか。

M：はい、これ。

F：何、これ？

M：プレゼント買ったんだ。いつも迷惑かけてるから…。

F：あら、かわいいネックレスね、ありがとう。でも、無理したんじゃない？

M：そんなことないよ。でも、僕が給料を下げられてしまったから、君も働かなければならなくなって辛い思いをさせてるよね。

M：やだわ～、私そんな風に考えたことないわよ。

→ 문제 p.19 🎧 19-05

5. 男子学生が発表しています。干物女の特徴の例として正しいものはどれですか。

M：最近干物女という言葉がブームになっています。そこで僕は干物女について調べました。干物女とは恋愛を放棄していて、様々な事を面倒くさがり適当に済ませてしまう20代から30代女性のことをさします。特徴は、メールの返事が極端に遅いか短い、簡単な食事なら台所で立って食べる、忘れ物を靴を履いたまま、膝立ちで部屋に上がり取りに行く、などです。あなたの周りにもこのような干物女がいるか一度チェックしてみてください。以上で終わります。

→ 문제 p.20 🎧 20-01 ......................................................................

1. 男性と女性が演劇の練習について話しています。練習はどこですることにしましたか。

M：文化祭の劇の台本もできてキャストも決まったことだし、そろそろ練習を始めるか。

F：そうねえ。でも、練習どこでしよっか？

M：体育館でするんじゃないの？

F：えっ、そうなの？　でも、体育館は夕方になると部活で使われるから集中して練習できないと思うんだけど。

M：そっか～、そうだな。ホールは文化祭の準備があって使えないって言われたしな…。

F：じゃあ、うちの家来る？　うち両親働いてるから遅くまで使えるよ。

M：でも、遅くまで大きい声で練習してると近所迷惑になるかもしれないだろ。どっかの公民館でも借りるか…。

F：大丈夫よ。家、地下に部屋があって防音設備も整ってるからそこなら大きい声出しても問題ないから。

M：じゃ、頼もうかな。

1. 体育館　　　　2. ホール
3. 女性の家　　　4. 公民館

→ 문제 p.20 🎧 20-02 ......................................................................

2. デパートで女性二人が話しています。夫にあげるネクタイを買ったのは誰ですか。

F1：あら、山田さん。

F2：あら、後藤さん。お久しぶりです。

F1：本当ですねえ。今日は何か買いに来られたんですか？

F2：ええ、来週主人の誕生日でして、プレゼントを見に来たんです。

F1：あら、偶然。私も旦那に何かいいものはないかと探しに来たんです。今年還暦でして。

F2：そうですか、おめでとうございます。じゃあ、一緒に見ませんか？

F1：いいですね、そうしましょう。あっ、この財布なんてどうですか？　使いやすそうじゃありませんか？

F2：ええ、でもうちの主人は財布を持たない主義でして…。

F1：そうですか。私はこれにしようかしら。

F2: 後藤さん、これいいと思いません？

F1: ネクタイですか？

F2: ええ、うちの主人毎日背広で出勤するので、ネクタイはたくさん必要なんです。私は
これにしますけど、後藤さんは？

F1: そうですね、うちは背広で出勤しないので…。

F2: でも、行事などがあったとき、必要じゃありません？

F1: そういえば、来週結婚式があったような…、山田さんそれもう一つあります？ 私も買い
ます。

1. 山田さん　　　　　　　　　　2. 後藤さん
3. 誰も買っていない　　　　　　4. 二人とも買った

→ 문제 p.20 🎧 20-03 ..............................................................

3. 専門家がテレビで話しています。先生はブルガリアではどんな習慣があると言っていますか。
M: 最近、ヨーグルトを夜に飲むと朝に飲むよりも効果があるということが分かってきまし
た。まず寝ている間に行われる骨の形成に役立つカルシウムですが、ヨーグルトの場合
は発酵成分の働きによって吸収しやすくなるという特徴があります。また、不足しがち
な栄養も補給できるので、食生活が片寄っている時にはぜひ必要な食品です。そしてヨ
ーグルトの乳酸菌には寝ている間に便通をスムーズにする働きもあります。また、腸内
環境が整うと、肝臓の負担を軽くすることができます。ヨーグルトの故郷ブルガリアで
は、水で薄めたヨーグルトを飲む習慣があり、これは二日酔いにも効くのでお酒をよく
飲む人には特におすすめです。

1. ヨーグルトと水を混ぜたものを飲む。
2. 水の代わりにヨーグルトを飲む。
3. 酒で薄めたヨーグルトを飲む。
4. ヨーグルトを二日おきに飲む。

→ 문제 p.20 🎧 20-04 ..............................................................

4. 郵便配達のお兄さんと女の人が話しています。女の人は荷物をどこで受け取ると言ってい
ますか。

F：もしもし。

M：もしもし、黒イヌ配達の者ですけど、お客様がいらっしゃらなかったので、お電話しました。

F：あれ？ 配達は明日にお願いしたはずですけど。

M：えっ？ 配達リストには今日って書いてあったんですけど。

F：間違えたんじゃありません？

M：いえ、確かに16日だと伺ったんですが…。

F：…すみません。私が間違えました。一日ずらしてお願いしてしまいました。私今会社にいるので受け取れないんですが。

M：会社はどちらですか？ 近かったらそちらまで届けに行きますが。

F：会社は近くないので。

M：そうですか。

F：母の家に届けてもらってもいいですか？…あっ、お母さんも今日出かけてるんだった。

M：じゃあ、横のクリーニング屋に預けておきましょうか？

F：あ、はい、お願いします。私が会社からの帰りに取りに行きますので。ありがとうございます。

1. 女の人の家　　　　　2. 女の人の会社
3. 女の人の母の家　　　4. クリーニング屋

→ 문제 p.20 ∩ 20-05 ..........................................................

5. 男子学生と女性が話しています。女性は夫が帰ってきたら何と言いますか。

F：もしもし、山岡ですが。

M：あの、僕赤田大学の原田と申します。

F：あ〜、主人の大学の。

M：はい、山岡教授おられますか？

F：主人は今出かけておりまして。急な用件ですか？

M：いえ、講義のレポートのことでちょっと。僕先週の講義を休んでしまって書き方が分からないんです。だから、レポートをどういう風に書けばいいのかということと、レポート提出を少し遅らせていただけるのかをお聞きしたくて。

F：そうですか。主人が帰ってきたら伝えておきましょうか？

M：いえ、それはパソコンのメールで送ります。教授、携帯をお持ちでないんですよね？

F：そうなんですよ。今の時代不便ですよね。買うように言っておきます。

1. 講義をもっと分かりやすくしてください。
2. レポートの提出日を変えてください。
3. 携帯を買ってください。
4. パソコンの使い方を勉強してください。

## (8) 오답을 정리한다

→ 문제 p.21　🎧 21-01 ·································································

1. ある夫婦が話しています。二人は社長に何を買うことにしましたか。

M：もう今年も残り2ヶ月か…。

F：そうですね。あっ、あなた社長にお歳暮買わないといけないんじゃないですか？

M：あっ、そうだな。何を買おうかな。去年は何を渡したっけ？

F：コーヒーカップです。

M：そうかぁ。じゃあ、今年は食器以外にしないとな。

F：ビールはどうですか？ 社長さんお酒が好きだって言ってませんでした？

M：うん。でも、お酒を飲むと嫁に怒られると社長よくおっしゃってるからあまりイメージはよくないと思うよ。

F：そうですか…。じゃあ、シャンプーなんかは？ よく使うものだからいいかもしれませんよ。

M：しかし、シャンプーは人それぞれ好みがあったり、肌に合うか合わないかも分からないからな…。

F：じゃあ、フルーツの缶詰は？ これおいしそうですよ。

M：う～ん、社長は甘いものはあんまりお好きではないと思うんだが…でも、社長の子供たちは喜んでくれるかもな。

F：そうですよ。お客が来たときにも手軽に出せますし。

M：そうだな。じゃ、これにするか。

1. コーヒーカップ　　　　2. ビール
3. シャンプー　　　　　　4. フルーツの缶詰

→ 문제 p.21 🎧 21-02

2. 父と娘が話しています。二人は夕食に何を食べることにしましたか。

F : お父さん、今日の夕食何食べたい？

M : そうだな。魚の煮つけとご飯が食べたいな。

F : え〜、今日お母さんがいないのに、私一人でそんなの作れないよ。もっと簡単なのにしてよ。

M : そうか？ じゃあ、カレーはどうだ？ カレーなら作れるだろう。

F : うん。でも、カレーは昼にも食べたのよね。

M : じゃあ、外に寿司でも食べに行くか。

F : ダメよ。あと30分でドラマ始まるんだから。スパゲッティー作ってあげようか？

M : お父さん、夜はご飯が食べたいんだ。

F : そう…、じゃあ、しょうがない。昼と同じメニューで我慢するか。今作るね。

1. 魚の煮つけ　　　2. カレー　　　3. 寿司　　　4. スパゲッティー

→ 문제 p.21 🎧 21-03

3. 男子学生と女子学生が話しています。二人はどんなジャンルの映画を作ることにしましたか。

F : 今度の文化祭のとき、私たち映画作らない？

M : 面白そうだね。作ろう作ろう。どういう映画を作ろうと思ってるの？

F : ラブコメディーとか、おもしろそうじゃない？ 笑えて感動もできるような。

M : でも、僕たち初心者なのにいきなりそんなの作れるかな〜。どちらかに絞ってみたら？ 笑えるコメディーか、感動できるラブストーリーか。

F : そうねぇ。でも、私は両方の要素を入れたいんだけどな。

M : じゃあ、あえて全く違うアクションとかにしてみたら？

F : アクション映画を作ろうと思ったら制作費がかかりすぎるわ。やっぱり私が初めに決めてたジャンルにするわ。シナリオは私が書くから。

M : 分かった。僕もできるだけ手伝うよ。

1. ラブコメディー　　　2. コメディー　　　3. ラブストーリー　　　4. アクション

→ 문제 p.21 🎧 21-04 ..............................................................

4. 男子学生と女子学生が話しています。女子学生はどこでアルバイトすることにしましたか。

M：何見てるの？

F：アルバイト雑誌。新しいアルバイトを探してるの。

M：そうなんだ。どういうところで働くつもりなの？

F：本屋かファーストフード店にしようかなって思ってるんだけど。

M：本屋は前バイトしてたけど時給安いよ。それにファーストフード店は週末も働かないといけないからしんどいって友達が言ってたよ。

F：そうなんだ…。

M：病院の受付は？ 時給もいいし、そこまでしんどそうじゃないじゃん。

F：そうでもないのよ。私、一ヶ月前まで歯医者の受付のバイトしてたんだけど、ずっと座ってなきゃならないでしょ。途中から腰と足が痛くなってきちゃって。

M：そっか～。女の子だからガソリンスタンドは厳しいしな～。

F：うん、油のにおいがつくのはちょっとね。

M：そうだよな。

F：うん、私決めた。ここにするわ。週末アルバイトできるし、ハンバーガーも食べられるかもしれないしね。

1. 本屋
2. ファーストフード店
3. 病院の受付
4. ガソリンスタンド

→ 문제 p.21 🎧 21-05 ..............................................................

5. 音楽の先生と男子学生が話しています。このクラスは合唱コンクールで、どの歌を歌うことにしましたか。

M：先生、僕のクラスは合唱コンクールで「君と太陽」を歌いたいと思います。

F：あら、その歌は他のクラスが歌うことに決まっちゃったのよ。

M：えっ!? そうなんですか…。どうしよう。

F：「翼を広げて」はどう？ いい歌なんだけど。

M：先生、僕のクラスは男子しかいないので、女子パートのある歌は歌えません。

F：あ～、そうだったわね。じゃあ、「星の贈り物」はどう？ これは男子パートしかないから。

M：いいですね。…でも先生、ピアノ演奏を僕がすることになったんですが、この曲は難し
　すぎます。先生、僕のクラスで「青春」という歌もいいと言ってたんですが、これも他の
　クラスが歌いますか。

F：う～ん、そうね…。２年のクラスが歌うことになってるわね。

M：そうですか。言うのが遅かったですね。

F：先生がピアノの特訓をしてあげるから、これ歌ってみない？

M：分かりました。頑張って練習します。

1.「君と太陽」　　　2.「翼を広げて」
3.「星の贈り物」　　4.「青春」

→ 문제 p.22 🎧 22-01 ......................................................

1. 会議で男性が話しています。男性は調査結果から何が分かったと言っていますか。

M：今、携帯は多彩な機能がついている「多機能型」と共に、買う決めてとなる要素として
　「デザイン性」も重要視されています。豊富なカラーバリエーションはもちろん、一流デ
　ザイナーと合作して作られた携帯など、その形へのこだわりもさまざまです。そこで私
　は「今後人気になりそうだと思う携帯の形」についてアンケート調査をしたところ、「ス
　ライド式」携帯が48.8％と半数近くを占める結果になりました。理由としては「片手操
　作で楽だ！」という答えが男女共に多く、女性からは「カッコいいし、スマートだから」
　という声も多かったのが印象的です。そこから女性の購入基準も「カワイイ」携帯から
　「カッコいい」携帯へと移行している傾向がうかがえました。

1. スライド式携帯は全て一流のデザイナーが作っているということ
2. 男性のみではなく女性もかっこいい携帯を持ちたいと思っていること
3. スライド携帯の長所は片手で操作できるということだけだということ
4. 多様な機能をつけることでスライド携帯はもっと人気がでるということ

→ 문제 p.22 🎧 22-02 ......................................................

2. 男子学生が発表しています。正しい内容はどれですか。

M：発表を始めたいと思います。僕は爪について調べました。爪は皮膚の一部で、ケラチン

というたんぱく質で出来ています。このたんぱく質は皮膚や髪の毛の成分でもあります。通常大人の手の爪は一ヶ月に約3ミリ伸びますが、同じ手の指でも伸びる速さが違います。一番速く伸びるのが中指で、遅いのが親指です。足の爪は1～2ミリ伸びます。足の爪は約10ヶ月～1年で生え変わります。そして爪は冬よりも夏に速く伸びます。爪の働きは足の指や手指の先を保護する、指先で細かい物をつかみやすくする、足指に力を入れるなどがあります。

1. 足の指の中で親指が一番伸びにくい。
2. 皮膚と髪の毛は同じたんぱく質から作られている。
3. 手の爪は一年で約3ミリ伸びる。
4. 爪はどの季節も一緒の速さで伸びる。

→ 문제 p.22 🎧 22-03 ·······················································

3. 女性がラジオで話しています。女性は何について話していますか。

F：外国語を勉強している人は電子辞書を使ってみてはいかがでしょうか？普通の辞書は一冊ならばいいですが、何冊も持ち歩こうとするとかさばります。しかし、電子辞書は辞書が何冊も入っているにも関わらず軽くて持ち運びが便利です。また、履歴が記録されるので、何度も同じ単語をひかなくてもすみます。また、片手で使えるので、本を読みながら使うには最適です。私も電子辞書を使う前まではこの便利さに気づきませんでしたが、今では外出するときや、勉強するときには欠かせないものとなっています。

1. 普通の辞書の長所　　　　2. 普通の辞書の短所
3. 電子辞書の長所　　　　　4. 電子辞書の短所

→ 문제 p.22 🎧 22-04 ·······················································

4. テレビで医者が話しています。医者は、何について話していますか。

M：人は病気になると薬を飲みますよね。しかし、薬を正しい方法で飲まなかったら余計に体を悪くすることもあるんですよ。薬を少しの量の水で飲んだ場合、薬が胃に付着し、吸収が遅れて効き目が悪くなることがあります。ですから薬は体の中に十分吸収されるコップ一杯の量の水と一緒に飲むようにしてください。また、昔からお茶と一緒に飲むのはよくないといわれていました。しかし、お茶だけではなく、薬の種類によっては

相性の悪い飲み物があり、一緒に飲むことで薬の効果が強く出てしまうもの、逆に弱くなってしまうもの、味が変わってしまうものなどがあります。基本的に薬は、水やぬるま湯で飲むようにしてください。もし、それ以外のものと一緒に飲む場合は、医者に相談するようにしてください。

1. 薬の味
2. 薬の飲み方
3. 薬の種類
4. 薬の効果

➜ 문제 p.22 🎧 22-05

5. 先生が授業中に話しています。先生が話しているテーマは何ですか。

M：一般にアジアの東側は雨が多く湿気が多い傾向にありますが、日本もこの例にあてはまり、夏は特に蒸し暑いのが特徴です。そのために汗が出ても蒸発しにくく、熱が体にこもり、むしろ不快感が増すのです。元々、日本の生活文化は、この湿気と暑さから、身を守るように出来ていました。それが明治以後、西洋の生活文化をそのまま取り入れたために、日本の生活文化が日本人に合わないものになって来ています。特に、ここ数十年その傾向はさらに強まっており、これは衣食住全般に言えることです。文化というものはその国の環境や生活の中から生まれてくるものですから、本来それぞれに意味を持っています。だから環境の違う、よその国の文化をそのまま真似る時は、不都合が起こることを覚悟しなければなりません。日本人は、もともと他国の文化を吸収することが上手ですが、これからは新しい発想を起こして、世界から注目されるような生活文化を持った国にしたいものだと思います。

1. 西洋の生活文化
2. アジアの生活文化
3. 日本の生活文化
4. 世界から注目されている生活文化

→ 문제 p.24 🎧 24-01 ·················································································

1. M1: 青山キャプテン、今日森田が練習休むみたいです。体の調子が悪いとかで。

　　M2: そうか。今、木本からも体調が悪いから休むと連絡があった。山本、お前は大丈夫か？

　　M1: はい、大丈夫です。それにしても最近、風邪が流行ってますね。

　　M2: う〜ん…明日試合なのにあいつら出れるのかな。あいつらがいないと俺とお前と斎藤しかいないから出場が厳しいな。

　　M1: そうですね…。試合には最低6人必要ですからね。でも、うちの部に入りたいって言ってきている1年生が4人いるんで、声かけてみましょうか？

　　M2: お〜頼む。いきなりで悪いんだが、事情を説明して明日の試合に参加できるか聞いてくれないか。

　　M1: 分かりました。

→ 문제 p.25 🎧 25-02 ·················································································

2. F: あら、このタイヤキおいしそうね。

　　M: 本当だね。お母さん、僕食べたい。

　　F: 分かったわ。何味がいいの？

　　M: 僕、あんこ味とクリーム味両方食べたいな。

　　F: あらまあ。じゃあ、お母さんはあんこ味食べようかしら。そうだわ。私たちだけ食べたら悪いから、家族の分も買って帰らないとね。

　　M: うん。そうだね。お姉ちゃんはあんこが嫌いだからクリーム味だね。

　　F: そうね。それとお父さんは甘いもの好きだから両方買っていってあげましょうか。

　　M: でも、お父さん今日から出張じゃなかったっけ？

　　F: あっ、そうだったわね。じゃあ、お父さんの分抜いて…あんこ味二つとクリーム味二つ買うことにしましょう。

　　M: あっ、今日佐藤君が遊びに来るっていってたから、佐藤君の分も一つ買ってあげて。

　　F: はいはい。

→ 문제 p.26 🎧 26-01 ·····································

1. M1 : 部長、今日の午後の２時からの山二証券との商談の件なのですが、山二証券の方から１時間遅らせてほしいと連絡が来ました。

M2 : そうか。じゃ、３時からの予定は１時間ずつずれるということだな。

M1 : いえ、今日の３時から入っていた東方出版とのミーティングは時間をずらすのは難しいといわれたので、明日の午後３時に変更になり、今日の午後４時から行われるはずだった営業部の会議は17日金曜日の午後１時からに変更になりました。午後の５時からのスケジュールには変更はありません。

M2 : 17日か…、今日が14日だから、しあさってだな。分かった。今日の４時から５時まで時間が空いたから、ちょっとその間、外に出てくるよ。

M1 : 分かりました。その時間はスケジュールを入れないようにしておきます。

→ 문제 p.27 🎧 27-02 ·····································

2. F1 : これ、来月の時間割表だって。

F2 : どれどれ、月、水曜日が６時間目までで、火、金曜日が５時間目までだね。

F1 : うん、それは今月と一緒だけど、木曜日が７時間目まであるよ。６時半まで授業だって。辛くなるねえ…。

F2 : そうだね…。でも、昼休みは今月までは12時半から１時までだけど、来月から12時から１時までになるんだね。

F1 : ゆっくりご飯は食べられそうね。

F2 : でも、見てよ。今月まで土曜日は隔週だったのに、来月からは毎週来なくちゃいけなくなってる…。

F1 : 本当だ。これはちょっと嫌だね。しかも、来月は今月と違って土曜日が５回もあるし…。

F2 : でも、16日の土曜日だけは、祝日だから休みだね。

F1 : うん、でも、今月みたいに祝日が平日だったらもっといいのにね。

F2 : 今月、祝日あったっけ？

F1 : クリスマス！

F2 : あっ、そっか～！

→ 문제 p.28 🎧 28-01 .................................................

1. F1：あら、夏子ちゃんのお母さん。

   F2：あら、冬香ちゃんのお母さん。買い物の帰り？

   F1：そうなのよ。冬香がお腹すいたってうるさくて。夏子ちゃんは？

   F2：水泳教室に行ってるんです。

   F1：そう。前から気になってたんだけど、夏子ちゃんっていっぱい習い事してるわよね？

   F2：うん。ピアノでしょ、水泳でしょ、書道でしょ、空手でしょ、英会話でしょ。こんな
   もんかな。

   F1：そんなに？私のとこなんてピアノしか習わせてないのに…。

   F2：私もそんなにやらせるつもりはなかったんだけど。夏子がやりたいって言うもんだか
   ら。月謝も安くないし…。

   F1：そうよね。失礼だけど習い事の月謝、月にいくらぐらいなの？

   F2：全部合わせて24000円よ。

   F1：そんなに？うちの6倍ね！

   F2：ってことはうちが通わせているピアノ教室の月謝より1000円安いわね。うちも冬香
   ちゃんと一緒のとこに通わせようかしら。

→ 문제 p.29 🎧 29-02 .................................................

2. F：今度のファッションショーにお姉ちゃんが出ることになったの。

   M：へぇ～、森田さんのお姉さんってモデルだったんだね。

   F：うん。背も180センチあってかっこいいよ。

   M：そうなんだ。

   F：でも、同じ姉妹なのに私は160センチしかないのよ。何でだろ？

   M：160センチあったらそんなに低いわけじゃないと思うけどな。ご両親は背高いほうな
   の？

   F：父は170センチしかないから大きいほうじゃないと思うんだけど、お母さんの身長が
   175センチもあるから、お姉ちゃんが大きくなったんだと思う。

   M：お母さんが175センチもあるんだ。僕の母と20センチ違うね。僕は君のお父さんと同
   じ背だよ。

F：中田君は兄弟いないの？

M：双子の兄がいるんだけど、兄たちは僕より10センチも高いんだ。

## (4) 기타

→ 문제 p.30 🎧 30-01 ....................................................................................

1. F：この絵、何に見える？

   M：船の絵じゃないの？

   F：そっか～、そう見えたか。私とは違ったわね。

   M：どういうこと？

   F：これ船にも見えるんだけど、よく見たら傘にも見えるのよ。

   M：えっ、そうは見えないけどな。

   F：よく見てよ。逆さに見ると分かりやすいと思う。船の上にある旗が傘を持っている人の手なの。そして船の本体が傘を開いたときの絵なのよ。

   M：…、本当だ。見えた見えた。

   F：でしょ？ ある調査でこれを初めて見たとき、80パーセントの人が船に見えたんだって。不思議でしょ？ 家族にも聞いてみたんだけど、妹以外の四人が船って答えたのよ。

   M：へぇ、おもしろそうだね。僕も帰ったらやってみよう。

→ 문제 p.31 🎧 31-02 ....................................................................................

2. F1：何の写真見てるの？ わ～かわいい。

   F2：でしょ？ 先月生まれた子犬たちなの。

   F1：名前は？

   F2：水を飲んでて毛が白い子がリリーで、綱を引っ張ってる毛が黒い二匹がメリーとマリーよ。

   F1：どっちがメリー？

   F2：寝転んで引っ張ってるほう。

   F1：そうなんだ～。本当にかわいいねぇ。私も犬飼いたいんだけど、お母さんが犬アレルギーだから飼えないんだ。

   F2：そうなんだ。しょっちゅう会いに来てあげて、ゆかちゃん。

   F1：ありがとう。

121

F2：でも、真ん中の子が来月他の家で飼ってもらうことになったから、三匹とも見たかったらそれまでに来てね。

F1：そうなんだ。その子が一番気に入ったから、なるべく早く見に行くわ。

문제 유형별 연습

**문제 유형1** ........ 問題 1

→ 문제 p.38 🎧 38-01

1番 **女性が美容師と話しています。女性はどんな髪形にしますか。**

M：あー山崎さん！ いらっしゃいませ。お久しぶりですね。それにしてもすごく伸びましたね。背中の中間まで…。最後にお会いした時は確か肩くらいでしたよね。今日はどうしますか？

F：思い切ってショートにしようと思って。友達がショートにして、すごくかわいかったんで。

M：ショートですかっ！ 山崎さん、美人だからどんな髪型でも似合いそうですけど、ちょっと髪質から言うと、たぶんショートにするとすごくボリュームが出てしまって、セットが大変だと思いますよ。とくに時間のない朝は…。

F：ああ、そうですか。じゃあ、あまり長さを変えないで先の痛んでる部分だけカットしてもらうか、また肩くらいまでにしてもらおうかな。

M：うーん、もし長さをあまり変えないならカラーリングしたらどうでしょう？ そのままでも十分綺麗な髪ですけど、長い分だけ重々しい印象になってしまうので…。

F：そしたら肩の長さにしてゆるいウェーブにしてもらえますか？ 本当は私も店長さんの言うとおり色を入れたいんですけど、仕事上染められなくて…。

M：あ、それは残念ですね。分かりました。じゃ、こちらにおかけください。

🔊 **女性はどんな髪形にしますか。**

→ 문제 p.39 🎧 39-02

2番 **海外旅行中の夫婦がホテルで翌日の予定について話しています。翌日、二人が一番先に訪れる場所はどこですか。**

F：あなた、明日どうしましょうか。２日しかないから効率よく回らないとね。とりあえず、絶対外せないのが世界一高いタワーと動物園よね。世界中でその動物園にしかいない動物がいるんでしょ？

M：なら、行くところあまり無いじゃないか。

F：あっ、そういえば滝があったじゃない。お隣の吉田さんが教えてくれたところ。普通の観光客が知らない場所だけど、隠れた名所だって。説明の紙もくれたわよ。はい、これ。

M：あー、これちょっと市内から離れてるなぁ。半日はかかるんじゃないか？

F：本当？ じゃあ、動物園は明日お休みで入れないし、先にこの滝に行きましょうか？ タワーは夜に行くことにして。夜の方が夜景が見られて素敵だと思うし。

M：でも、さっき天気予報みたら、明日は夕方から雨が降るらしいよ。明後日は一日雨だって。だから順番、逆のほうがいいんじゃないか？

F：そうね、夜景は見られないけど、仕方ないわ。

M：今思い出したけど、お前、免税店でショッピングしたいって言ってなかったか？

F：ええ、だけど、それは時間がなければ帰りの空港でもできるから気にしなくてもいいわよ。

🔊 翌日、二人が一番先に訪れる場所はどこですか。

→ 문제 p.39 🎧 39-03 ·······························································

3番　会社で女の人が二人で昼ごはんについて話しています。女の人たちは今日の昼はどうしますか。

F1：ねぇ、今日は雨だし、外に行くのも面倒だから地下のコンビニでお弁当でも買って食べる？

F2：雨ならさっき止んだよ。あのね、朝会社に来る途中で新しいレストランができたの見たの。これ、チラシ。どう？ 行ってみない？

F1：あーあそこね。イタリアンでしょう？ 私も見た！ うちの社員食堂、美味しいけどなかなかイタリアンのメニューが出ないから、そこ、うちの会社の女子社員で混雑しそうね。

F2：でも、まだそんなに知ってる人いないはずだし、今なら開店記念とかで安く食べられると思うよ。

F1: じゃあ、そうしようか。待たないといいんだけど。

F2: あ、そうだ、私午後の会議で必要な書類、家においてきちゃったの。食事が出るまでに帰ってこられるから、先にお店に入って注文しておいてくれる？ 私はトマトスパゲッティで！

F1: 家、そんなに近かったっけ？

F2: うん、先月会社から５分のところに引っ越してきたって言わなかったっけ？

🔊 女の人たちは今日の昼はどうしますか。

➜ 문제 p.39 🎧 39-04 ........................................................

**4番** 夫婦が車の中で話しています。この後、夫はどうしますか。

F：ねぇ、あなた、どこに向かってるの？ この道って家の方向だったっけ？

M：あ、ごめん。言うの忘れてた。実はさっき、同僚から電話があって、部長が昨日倒れて木下病院に入院したらしいんだ。今日これから、ちょうど時間もあるし、デパートで果物でも買ってお見舞いに行こうかと思って。

F：え?! ちょっとお見舞いって…。

M：君はジーンズだから部長のお見舞いにはちょっと気が引けるかもしれないけど、早く行った方が印象はいいだろう？ 何なら、デパートでスカートでも買って着替えて行く？

F：やだ、そういう意味じゃなくて、お見舞いに行ってもいいのかちゃんと確かめたの？

M：え？ 確かめる?!

F：だって、普通入院直後はお見舞い、避けるものよ。病気の内容によって食べられない果物もあるんだし、面会時間とかあるでしょ。具合が悪かったら会えないし。先に部長の奥様に連絡して様子を聞くほうがいいんじゃないの？

M：なるほどね。さすが！ 早ければいいってもんじゃないんだね。

🔊 この後、夫はどうしますか。

➜ 문제 p.39 🎧 39-05 ........................................................

**5番** 女の人が化粧品の店の前にいる店員と話しています。女の人はこの後どうしますか。

F：すみません。この前ここで買い物した時にこのクーポンもらったんですけど、使えますか？

124

M：あ、はい。いま、この新製品のファンデーションか、香水のどちらか一つ、お買い上げいただいた方に、好きなマニキュアを一つプレゼントさせていただいてます。清算の際にレジに一緒にお出しください。

F：私、香水を買いに来たんですけど、マニキュアは家にもあるし、今はいらないんで、代わりに口紅にしてもらえますか？

M：えぇっと…他の全てのお客様にマニキュアを差し上げているので、お客様だけ口紅というのはちょっと…すみません。

F：そうですよね、分かりました。ちょっと聞いてみただけなので気にしないでください。

🔊 女の人はこの後どうしますか。

➜ 문제 p.40  🎧 40-06

**6番** 男の人と女の人が旅行に来ています。この後、二人はどうしますか。

F：ちょっと、貴ちゃん、ここの景色すごく綺麗じゃない？ ここで一枚撮ろうよ。

M：うん、なかなかこういう景色見られないし記念になるね。でも、誰もいないし二人一緒に写るのは難しいんじゃない？

F：うーん、ちょっと近いけど、仕方ないから自分達で撮ろうよ。

M：それだと近すぎて僕達の顔しか入らないと思うよ。せっかくだから景色を入れないと。確かこれ、タイマー機能あったはずなんだ。ああ、これこれ。あそこの岩にのせてセットすればいいね。

F：じゃ、私セットしてくる。貴ちゃんはここに立っててね。…あれ？ 電源切れちゃった。おかしいな。えー！ 貴ちゃん！ バッテリー切れちゃったみたい。

M：さっき、ビデオモードで、ずっと撮ってたからきっと消耗が激しかったんだよ。新しく買ったカメラだからつい調子にのって撮りすぎたね。じゃ、最後の手段ってことで、携帯電話のタイマー機能でやろう。

F：あー、本当に悔しい。ビデオも撮りたいし、どこかで同じ型のバッテリー売ってたらいいのに。

🔊 この後、二人はどうしますか。

→ 문제 p.40 🎧 40-07 ..........................................

**7番** 男性と女性が話しています。女性は結婚の条件として一番重要だと思っているものは どれですか。

M：来週、兄の結婚式なんだ。

F：そうなんだ。そう言えば私の妹も来月結婚するって言ってたな。何か本当に彼のことが 好きみたい。

M：当たり前だろ！ 結婚したいと思った相手なんだから。

F：そうなのかな〜、私はそう思わないけど。

M：じゃあ、君にとって結婚する相手はどういう人がいいんだよ？

F：そうねぇー。顔が整ってる人じゃなきゃ嫌だとか、収入がいくら以上がいいとか、そう いうのは特にないんだけど…。

M：だけど何だよ。

F：私が今、通訳の仕事してるじゃない？ だから、私と同じような職業の人がいいわ。 お互い理解しあえると思うし。

🔊 女性は結婚の条件として一番重要だと思っているものはどれですか。

→ 문제 p.40 🎧 40-08 ..........................................

**8番** 女子学生と男子学生が話しています。二人は今年の学級委員長をどのような方法で選 ぶことにしましたか。

M：今年は学級委員長どうやって決めようか。

F：そうねぇ。立候補してくれる人がいれば、一番いいんだけど、毎年出てきてくれないの よね。

M：そうなんだよな〜。やっぱりここは多数決でいくか。

F：また？？ 去年もそうだったじゃない。今年は何か違う方法にしましょうよ。

M：例えば？

F：そ〜ね。クラス全員でじゃんけんして負けた人がやるっていうのは？

M：それよりはくじ引きのほうが誰がなるか初めからわからないからドキドキするんじゃな い？

F：…でも、学級委員長って向き不向きがあるじゃない？ そう考えたらくじ引きとかで決

めるのはどうかとも思うのよね。

M：そうだね。無理にやらすのも悪いしね。じゃあ、今年は出てくるまで待ってみようか。

F：そうね、そうしましょう。

🔊 二人は今年の学級委員長をどのような方法で選ぶことにしましたか。

➔ 문제 p.41 🎧 41-09

9番 男子学生と女子学生が話しています。二人はどれに行くことにしましたか。

F：来月の課外活動、果物狩りなんだけど一緒に行かない？

M：へぇ〜おもしろそうじゃん。行こう行こう。で、何があるの？

F：これがお知らせのプリントなんだけど、この4つなんだって。

M：どれもうまそうだな〜。俺、個人的にはりんごとみかんが好きなんだけど、どう？

F：う〜ん。私も好きだけど、どこも値段高くない？ スーパーで買うほうが安いと思うんだけど。

M：それじゃあ、桃は？ 桃はスーパーで買っても高いよ、きっと。

F：そうよね〜。でも、うちの家族、桃にアレルギーがあって食べられないの。ぶどう狩りはどう？

M：りんご狩りは高いって言っといてぶどう狩りはいいのかよ。りんご狩りより断然高いじゃん。

F：…分かった。じゃあ、その時期に食べ頃の果物狩りに行くっていうのはどう？

M：お〜それはいい考えだ。今月が8月だから、これだね。

F：そうね。

🔊 二人はどれに行くことにしましたか。

➔ 문제 p.41 🎧 41-10

10番 会社で男性と女性が話しています。男性の現在の週末の楽しみは何だと言っていますか。

F：やっと今日金曜日ですね。

M：そうだね。週末は思いっきり楽しまないと。

F：山本さんって週末は何して過ごしてるんですか？

M：10月までは、大好きな野球を週末ごとに応援しに行ってたんだけど、今は野球のシーズンじゃないから、他の事で楽しんでるんだ。

F：他の事って？

M：家で僕の得意な魚料理を友達に振舞うことなんだ。

F：へぇ〜山本さん料理もするんですか？

M：材料の魚も自分で釣りに行くんだ。釣った魚を持って帰るのに車が必要だからドライブもできるしね。

F：本当にすごいですね。私も山本さんを見習って何か楽しみ見つけます。あっ、今度私も呼んでくださいね。

🔊 男性の現在の週末の楽しみは何だと言っていますか。

→ 문제 p.41 🎧 41-11 ······················································

11番　女性と男性が話しています。男性の好きな豆腐料理の順番はどれですか。

F：これ見て。

M：なになに。好きな豆腐料理アンケート？　へぇ〜、今こんなアンケートもあるんだね。

F：うん。その結果がこれなんだけど、豆腐と言えば味噌汁って言う人が多いのね。

M：そうみたいだな。個人的には俺は味噌汁は豆腐よりワカメ派だけどな。

F：そ〜う？　私はこのアンケートに同感するところが多いけどね。野菜と豆腐がそこまで合うとは思わないからサラダは私の中で4位だけどあとの順番はこれと全く同じだから。

M：へぇ〜。

F：えっ、どうしたの？

M：俺と順番が全く逆だと思って。

F：そうなんだ。

🔊 男性の好きな豆腐料理の順番はどれですか。

→ 문제 p.42 🎧 42-12 ······················································

12番　夫婦がカタログを見ながら話しています。二人はどのソファーを買うことにしましたか。

F：はい、これカタログ。今日新しく買うソファーを選ぼうって言ってたでしょ？

M：あ〜、そうだったね。どれどれ。おっ、これよくないかい？ 広々としてて。

F：う〜ん。よりかかる部分が低すぎてずっと座ってるとしんどくなりそうじゃない？私はあんまりだわ。

M：そうか。僕は横のひじ掛けがないのがあまりいいとは思わないんだけど…。

F：一つのやつ？ それとも二つとものやつ？

M：両方ともあんまり…。

F：ってことは残るはこれね。一番値段は高いけど、安定感があって座り心地もよさそうだしこれにしましょうか。

M：そうだね…ちょっと待って。ここ見て、いまセールでこのソファーが4割引だって。今回は君が考え直してくれないか。そんなにいつもいつもソファーに長時間座ってるわけじゃないんだから大丈夫だよ。子供が座るにも楽そうだし。

F：分かったわ。これにしましょう。

🔊 二人はどのソファーを買うことにしましたか。

→ 문제 p.42 🎧 42-13

**13番** 電気屋で男の人と女の人が話をしています。二人は何を買いましたか。

M：どうしよう、どれがいいかな…。

F：何迷ってるの？

M：テレビだよ、テレビ。やっぱりこれからは薄いやつだよな。それでさ、この大きいのにするか、少し小さいけど壁に掛けられそうな、あのテレビにするか迷ってるんだけど…。

F：ちょっと、迷ってるんだけど…じゃないわよ。相談もなしにそんな大きな買い物勝手にしないでよね、まったく目を離すと直ぐこうなんだから。

M：え〜え？ お前だって今家にあるのは幅が広くて嫌だって言ってたじゃないかよ。

F：言ってたけど、電池を買いに来たついでにテレビも買いました。なんて話聞いたことないわよ。そういうテレビだとか、冷蔵庫だとか、大きな買い物はよく考えてからするものでしょう。

M：じゃあ、テレビ買わないの？

F：そうね、次のボーナスで買いましょう。

M：やった。じゃあ、今日はパンフレットだけもらって帰ろう。

🔊 二人は何を買いましたか。

→ 문제 p.43 🎧 43-14 ..............................................

14番　男子学生と女子学生が話しています。二人はどこに行くことにしましたか。

F：先輩、次の日曜、どこに連れていってくれるんですか？

M：えっ？ 次の日曜？ 何か約束してたっけ？

F：酷～い、約束したじゃないですかぁ。大会で優勝したら次の日曜日にどっか連れていっ
　てくれるって、先輩も体育館で私が優勝するところちゃんと見たでしょ。

M：はいはい、覚えてますよ。冗談冗談。で、どっか行きたい所はあるの？

F：そうですねぇ。映画館とか、買い物とか、遊園地とか、沢山行きたい所があります。

M：そんなにあるのかよ、一日で全部は無理だろう。どれか一箇所にしなさい、一箇所に。

F：一箇所ですか？ じゃあ、映画館は見たい映画がないから無しとして、じゃあ、買い物
　かな？ いや待てよ、やっぱり遊園地にします。遊園地に連れていって下さい。

M：日曜の遊園地か…いかにも人が多そうだな…。うん、じゃあ、俺のうちにしよう。決ま
　り。俺のうちも遊園地も似たようなもんだろう。

F：意味が分かりません、拒否します。じゃあ、私欲しいものがあるので、それを一緒に見
　に行って下さい。昼ごはんは先輩のおごりですからね。

🔊 二人はどこに行くことにしましたか。

→ 문제 p.43 🎧 43-15 ..............................................

15番　先生と女子学生が話しています。先生は女子学生に何を頼みましたか。

F：先生、私をお呼びになったようですけど、用件は何ですか？ 宿題なら、あと田村君が
　提出したら全部揃います。

M：じゃあ、全部揃ったら持ってきてくれ。それもそうなんだが、呼び出したのはお前にち
　ょっと聞きたいことがあるからなんだ。

F：何ですか？

M：うん、田村のことなんだが、最近遅刻が多いし、宿題もろくに提出しない。それが気に
　なってな。何か知らないか？ 知らなかったらさ、悪いがそれとなく聞いてみてくれない
　か？

F：田村君ですか、私も気になったんで聞いてみたんです。そしたら彼、ボクシングを始めたとかで、きつい練習を終えて家に帰るから、疲れて宿題も出来ないし、朝も起きられないそうなんです。

M：そうか、ボクシングを…。てっきり先生はもっと深刻な悩みがあるのかと思ったよ。ん？ いや、まてよ、でも遅刻と宿題をやらないのは深刻だが…ボクシングを辞めさせる訳にもいかんだろうし…。

F：はい、なので宿題は休みの時間とか、放課後ボクシングに行く前に私と一緒にやるようにしました。朝も起こせとか言ってましたけど、さすがにそれは断りました。

M：そっか、林、ありがとう。先生は次の学級委員長もお前がいいな。

◀) 先生は学生に何を頼みましたか。

**문제 유형 2** ⋯⋯ ：問題 2

➡ 문제 p.44 🎧 44-01

1番 学校で女の子が二人で話しています。女の子の一人が毎日パンを持ってくる理由は何ですか。

F1：はい、これ。

F2：あれっ、今日もパンくれるんだ。ありがとう。ねえ、前からちょっと気になってたんだけど、真由ちゃんっていつもお昼はパンだよね。ご飯類が嫌いなの？

F1：え？ ううん、そういうわけじゃないんだけど、ちょっと事情があって。

F2：真由ちゃんの家、パン屋だったっけ？ 私もパン屋でバイトしたことあるけど、売れ残りの商品は捨てるのがもったいないからって、ただでくれてたなぁ。

F1：うちは寿司屋なんだけど、家でパンを食べようものなら父がすごい機嫌悪くなるの。

F2：ああ、なるほどね。でもどうして毎日パンなの？

F1：実は彼が将来パン屋を目指してて、毎日パンを作っては私にくれるの。感想を言わなきゃいけないから、食べたら教えてね。

◀) 女の子の一人が毎日パンを持ってくる理由は何ですか。

→ 문제 p.44 🎧 44-02 ........................................................

**2番** 海外留学中の男の子とお母さんが国際電話で話しています。息子はどのような方法で荷物を受け取りますか。

M：もしもし、おふくろ？ 悪いんだけど、健に俺の英語の文法書とジャケット1枚預けてくれない？

F：え？ 健ちゃんに？ なんで？

M：2週間後に、健、こっちに遊びに来るんだよ。この前健と話したとき、ついでにもってきてもらうってことになったんだ。

F：あら、そうなの？ でもいくら親友だからって、健ちゃんに悪いわよ。お母さん、あんたに送ってあげたい食品とかもあるし、箱で送るわ。

M：いいよ、そんなことしなくて。別に俺、こっちの食事も嫌いじゃないし。それに、この前急いでるから国際速達郵便でって頼んだのに、おふくろ船便で送ってきたじゃん。頼んでおいて失礼なこと言うようだけど、また間違うと困るから。

F：もう、お母さんも馬鹿じゃないんだから2度同じ間違いはしないわよ。今回は航空便で送るわ。

M：いいよ、本当に。健も旅行慣れしてて荷物少ない奴だから。もしおふくろがそんなに気になるなら、健に預けるとき、お礼に苺でも一緒にあげてよ。健、苺好きなんだ。

F：分かったわよ、あんたも頑固ね。お父さんみたい。

🔊 息子はどのような方法で荷物を受け取りますか。

→ 문제 p.45 🎧 45-03 ........................................................

**3番** 男の人と本屋の店員が話しています。男の人は試験の受験料をどのように支払いますか。

M：すみません、この試験、申し込みたいんですが、支払いはどうしたらいいですか？

F：あ、一番楽なのはクレジットカードですね。他は、国際郵便為替や送金小切手という方法がありますが、銀行や郵便局に行かなければいけないので、面倒だと思いますよ。

M：コンビニや銀行の窓口で現金で払えないんですか？ 僕、怖いのでクレジットカードは作ったことないんですよ。

F：そうなんですか。残念ながら今は現金払いの対応はしていないみたいです。

M：面倒くさいですね。その、こっ…国際何とかっていうのと、小切手はどこで作れるんですか？

F：通常、国際郵便為替は郵便局で、送金小切手は銀行でお作りになれますよ。

M：はい、分かりました。じゃあ、今日ここで支払うのは無理ってことですよね。勤務先の近くに郵便局があるので、明日そこに行ってみます。

🔊 男の人は試験の受験料をどのように支払いますか。

➔ 문제 p.45 🎧 45-04 .............................................

4番 男の人と女の人が二人で話しています。女性はなぜ今週のバーベキューに参加できないのですか？

M：香奈さん、今度の土曜日、時間ある？ 3月でだいぶ暖かくなってきたし、うちの庭でＢＢＱをやるんだけど、妻がどうしても香奈さんを招待したいって。それにうちの娘も来週誕生日だからＢＢＱと誕生日パーティーを兼ねて。どう？

F：それが、今週は駄目なの。下の息子の卒業パーティーがあるのよ。

M：あれっ。去年の同じ時期にも声かけたのに何かのパーティーでＢＢＱに来てもらえなかった記憶が…。

F：去年はいとこの結婚式に呼ばれていて… いつも参加できなくて申し訳ないわ。

M：いやいや、そんなつもりで言ったんじゃ…。確か、香奈さんのところ、保護者代表でパーティー仕切るんだっけ。大変だね。

F：まあ、私は1年の期間だったけど、奥様なんてもう3年くらい芸能人のファンクラブの会長していらっしゃるんでしょう。会員数も半端じゃないし大変だろうに、よくまとめていらっしゃるそうじゃない。尊敬するわ。そういえば、今日、奥様は？

M：今日はファンミーティングに行ってるよ…。

🔊 女性はなぜ今週のバーベキューに参加できないのですか？

➔ 문제 p.45 🎧 45-05 .............................................

5番 犬の訓練士が話しています。訓練士は、訓練の一番の目的はどんなことだと言っていますか。

M：訓練とは「すわれ」「ふせ」「まって」等を教えることを一番の目的にしている訳ではありま

せん。犬の気持ちを変えていくこと、飼い主に対する「服従の気持ち」であったり、「尊敬する心」を引き出していくことが一番の目的になります。その結果として、しつけがスムーズに教えやすくなります。「エサ」は極力使わないようにしています。犬に触れて、褒めていくことで人間に対する「集中力」「自ら進んで言うことを聞こうとする気持ち」が「エサ」を使うよりも引き出せると思いますし、犬も身体に触れられることで、安心感を持てると思うからです。

🔊 訓練士は、訓練の一番の目的はどんなことだと言っていますか。

→ 문제 p.45 🎧 45-06 ·································

6番 女性が二人で話しています。片方の女性はなぜ引っ越しをしたいのですか。

F1： ごめん、ごめん。遅れちゃって。だいぶ待ったでしょう。あ、何見てるの？

F2： これ？ アパートとマンションの情報誌。ちょっと引っ越そうかなと思って。

F1： 今住んでるところ、なんか問題でもあるの？

F2： うーん、単に私の考えすぎなのかもしれない。今のアパートは綺麗だし、両隣の部屋の家族もカップルもすごくいい感じでお付き合いできてるんだけど、一階っていうのがね。

F1： ふーん。私も今一階だけど、二階の人の足音が結構響いてよく眠れなくて睡眠不足よ。

F2： へー、大丈夫？ 私は幸いそういうのはないの。でも、この前会社の同期の女の子が、あ、その子も一階に住んでるんだけど、下着を盗まれたらしくて。気持ち悪くない？

F1： あー、よく聞く話よね。うちは警備がしっかりしてて、セキュリティカメラも設置されてるから今のところ大丈夫。不安だったら引っ越したらいいんじゃない？ 何かあってからじゃ余計怖いじゃない。

F2： うん、そうするよ。ついでに職場に近いところで探そうっと。今のところは遠くて。

🔊 片方の女性はなぜ引っ越しをしたいのですか。

→ 문제 p.46 🎧 46-07 ·································

7番 男の子と母親が話しています。なぜ旅行がキャンセルになったのですか。

F： あれ、誠、あんた今日から旅行に行くって言ってなかったっけ？ まだ家にいてもいいの？

134

M：あ、まだ言ってなかったっけ。旅行、キャンセルになったんだよ。

F：えー！本当。昨日までは一生懸命準備してたじゃない。なんで急に…。

M：俺ら4人で向こうでレンタカー借りて周ろうって話してたんだけど、実は車の免許持ってる奴が一人しかいないのにその一人が昨日の夜、急に高熱が出たから。

F：あら、3人で行けばいいじゃない。別にレンタカー借りなくたって観光はできるんだし。つい一昨日まで台風でどうかと思ったけど、今向こうはすごいいい天気だって言うじゃない。

M：まぁ、そうだけど、3人で行ったら風邪引いた奴がかわいそうじゃん。旅行できないのは残念だけど、ある意味助かったかも。一昨日、来週の月曜までのレポートの宿題が出たんだけど、旅行に行ってたらそれ、できなんだから。

F：それで、先に予約しておいた航空券のチケットは払い戻しできるんでしょう？

M：できないよ。さすがにちょっともったいないよね。無駄になった分またアルバイト沢山して稼がないと。

🔊 なぜ旅行がキャンセルになったのですか。

➔ 문제 p.46 🎧 46-08 ..........................................................

**8番** 会社で女性と男性が話しています。男性の会社が倒産した理由はどれですか。

M：今日からここで働かせていただくことになった山本と申します。よろしくお願いします。

F：お願いします。部長の森下です。山本さんは以前は何のお仕事をされていたんですか？

M：はぁ、以前小さな食品会社を経営していたんですが、倒産に追い込まれてしまって…。

F：そうだったんですか…。すみません。この不景気ですから、どこの会社も大変ですもんね。

M：ええ…。でも、私の会社は不景気でもそれなりにやっていたんです。社員たちも苦しい中で不満を言ったり辞めたりすることもなく取引先との交渉も一生懸命にやってくれたので利益が下がることもありませんでした。原料の値段が急に上がって輸出量を減らさなければならなくなったときも、どうにかしのぐことができてました…。でも、景気の悪さが本社に影響してしまって…。一気に経営が悪化して、私の会社も一緒に潰れた形になってしまったんです。

F：そうでしたか…。思い出させるようなことをして申し訳ありませんでした。今日からはここで私たちと一緒に頑張りましょう。

🔊 男性の会社が倒産した理由はどれですか。

➡ 문제 p.46 🎧 46-09 ...........................................................................

**9番** 美術の先生が話しています。先生は2年生がコンクールに応募するときに必ず必要でないものはどれだと言っていますか。

F：全国美術コンクールが来月に迫ってきたので、作品を出してもらおうと思います。2年生の皆さんは去年一度送っているので分かっている人も多いと思いますが、修正してもらいたい部分があるので一緒に確認したいと思います。先日配ったプリントを見てください。封筒に応募申請書、過去の作品記録、尊敬する画家についてのレポート、応募動機を一緒にこの住所に送ってください。という応募方法が書かれているすぐ下に2回目以降の応募者は応募動機は提出しなくてもよいと書いていますが、この部分が間違っています。応募動機ではなく作品記録ですので、かき直してください。

🔊 先生は2年生がコンクールに応募するときに必ず必要でないものはどれだと言っていますか。

➡ 문제 p.46 🎧 46-10 ...........................................................................

**10番** フリーマーケットで売っている女性と客の女性が話しています。客の女性はなぜブーツを買いませんでしたか。

F1：わー、このブーツかわいい。

F2：でしょ〜。まだ一回しか履いてないんですよ。

F1：そうなんですか？ それなのに何でフリーマーケットに出したんですか？

F2：サイズが合わなくて足が痛くなるんです。

F1：そうなんですか。いくらですか？

F2：500円です。

F1：えっ！ 安い‼ 他の店もいっぱい回ったんですけど、穴が開いてるブーツとかでも1000円以上したりしたんですよ。

F2：でしょ。もうあと一時間で終わるから今なら300円で売りますよ。

F1：本当ですか？ 買います。あっ、その前に一回履いてみてもいいですか？

F2：どうぞ。

F1：うん？　思ったよりヒールが高いですね。それに中の生地がつるつる滑りますね。申し訳ないんですが、ちょっと履きづらいので買うのやめます。

🔊 客の女性はなぜブーツを買いませんでしたか。

➜ 문제 p.47 🎧 47-11 ..................................................

11番　新婚旅行から帰ってきたばかりの夫婦が話しています。二人は新婚旅行中になぜケンカをしてしまったのですか。

F：本当におもしろくない新婚旅行だったわね。

M：お前が一人で怒ってたからだろ。

F：そりゃ怒るわよ。初日からお酒の飲みすぎで、その後の予定が狂うわ、せっかく二人の時間なのにしょっちゅう実家に電話するわ。

M：しょうがないだろ。お前だって俺に内緒で高いアクセサリーはいっぱい買ったし、出かける準備に毎回2時間もかけてたじゃないか。お前だけが気分悪かったと思うなよ。

F：私もあなたがひどく酔って外に出られなかった時、何も言わなかったじゃない。最後の日3回目にお母さんと電話したときは爆発しちゃったけど。

M：うん、その時は俺もだいぶひどいこと言っちゃったよな。ごめん。

🔊 二人は新婚旅行中になぜケンカをしてしまったのですか。

➜ 문제 p.47 🎧 47-12 ..................................................

12番　焼肉店で女性と男性が話しています。男性は焼肉はどのタイミングでひっくり返せばおいしいと言っていますか。

F：うわぁ～おいしそう。

M：でしょ？　この店、本当においしいんですよ。

F：へぇ～、じゃあ、焼きますね。

M：お願いします。

F：ほんとこの肉厚いですね。ひっくり返しますか？

M：いえ、まだです。肉をひっくり返す時は一回だけです。

F：へぇ～それはいつですか？　肉が茶色に変わってきた時ですか？

M：それでは遅すぎます。そうしているうちに外側が焦げてしまっておいしくなくなっちゃうので。

F：そうなんですか～。じゃあ、いつ…？

M：汁がポイントです。それが浮いてきた時がその時なんです。

F：汁ですか？　でも、私それがいつ出てくるのか分からないんですけど？

M：ポイントは肉の脂です。脂が溶けた後すぐに出てくるので、その時にひっくり返してください。

F：…私には自信がないのでやっていただけますか？

🔊 男性は焼肉はどのタイミングでひっくり返せばおいしいと言っていますか。

➔ 문제 p.47 🎧 47-13 ..........................................................

13番　自動車学校の先生が授業中に話しています。この先生は危ない運転の仕方はどういうものだと言っていますか。

M：私が最近感じるのは、車も自転車も、みんな運転にゆとりがないな、ということです。交差点などで信号が赤に変わろうとしている時にすごいスピードでつっこんでいく車をたまに見るのですが、こちらが冷や冷やしてしまいます。バイクの人もひどい運転をする人が多く、ミラーを全く見ていない人や、車線をサインなしに変更する人もいるので気をつけてください。自転車に乗っている人にも最近小道の信号を無視したり、急に車道に出てきたりと、ひやっとさせられることが多いです。運転するときはお互いにゆとりと譲り合いの心を持って、運転するようにしてください。それが事故防止につながる第一歩となります。

🔊 この先生は危ない運転の仕方はどういうものだと言っていますか。

➔ 문제 p.47 🎧 47-14 ..........................................................

14番　警官がテレビで話しています。この警官は詐欺の被害にあわないためにどうするべきだと言っていますか。

M：最近オレオレ詐欺という犯罪が問題になっています。このオレオレ詐欺とは「オレだよ、オレ」と家族のふりをして電話をかけ、「実は事故にあっちゃってお金が必要になっ

た。すぐにお金を送金して」などと言い、お金を送金させる詐欺の種類の一つです。昔は一人の犯行が多かったのですが、最近では何人かで家族、警官、弁護士など役割を分担し、巧みに騙してくるケースも増えてきました。このような詐欺被害にあわないためにも家族間だけの合図や緊急連絡先を用意して本人かどうか確認できる環境を作ることが重要です。怪しい電話がかかってきたときはお金を送金する前にまず慌てず落ち着いて家族に確認、また警察に連絡するようにしてください。

🔊 この警官は詐欺の被害にあわないためにどうするべきだと言っていますか。

→ 문제 p.48 🎧 48-15 .....................

15番 男性が話しています。男性はサンタクロースには実際に何があると言っていますか？

M：プレゼントを入れた白い大きな袋に赤い服で白い髭を生やした太り気味の老人の男。これが多くの人々が持つサンタのイメージである。そのサンタには実際にモデルとなった人物がいる。その人物の名はイタリア語でサン・ニコラ。彼についていくつかの話が残されている。その一つに無実の罪で死刑にかけられる男を救ったとされる話があり、これは絵画となり残されている。また貧しさのあまり三人の娘を嫁がせることが出来ない家があると知った彼は真夜中にその家を訪れ、屋根の上にある煙突から金貨を投げ入れ、この時暖炉の下に下げられていた靴下の中に金貨が入ったと言う話も残されている。このように彼に関しては様々な話が残されている。これらが事実か否かは別として、今年も世界中の多くの子供達がサンタクロースを待ち望んでいることは確かな事実である。

🔊 男性はサンタクロースには実際に何があると言っていますか？

→ 문제 p.48 🎧 48-16 .....................

16番 男性と女性が話しています。女性はコーヒーが飲めない理由は何だと言っていますか？

M：コーヒー入れるけど君も飲む？

F：いい、私水があるから。昔お母さんに飲むなって言われてから飲まないようになったの。

M：そっか。そういえば君がコーヒー飲んでるところ見たことないな。何でお母さんはコーヒーを飲むなって言ったんだろう？

F：何かその時テレビで子供にコーヒーを飲ませたら良くないとかやってたらしいの。でもさ、いろんなところで「コーヒー飲みますか？」って聞かれるでしょ？ その度に断るの面倒なのよ。

M：確かにそうだね、会社とか取引先でだったら断りにくそう。でもさ、もう大人なんだしコーヒー飲んだらどう？ お母さんとの約束だから？

F：ううん、お母さんったら私にそんなこと言ったことすら忘れてたわ。「何でコーヒー飲めないの？」だってさ。そのおかげで私カフェイン自体が駄目になっちゃってコーヒー飲めなくなったのよ。

M：ははは、何だそりゃ。それは災難だったね。じゃあ、コーヒーは絶対駄目なんだ。

F：うん。普通のコーヒーはね。でもコーヒー牛乳だったら飲めるかな。

M：そっか、そっか。じゃあ、コーヒー牛乳作るよ。これだったら飲むだろ？

🔊 女性はコーヒーが飲めない理由は何だと言っていますか？

→ 문제 p.48  🎧 48-17

**17番** 女子学生が二人話しています。二人が見る映画はどれですか？

F1：ねえ、明日だけどさ、何の映画見る？

F2：今上映してる映画の中だったら、あなたの好きな俳優が出てるホラー映画なんてどう？ それか、無難に恋愛ものか。

F1：あの俳優は好きだけどホラーは苦手なんだよね。恋愛ものの方は誰が出てるの？

F2：こっちはね、今人気の女優が主人公らしいんだけどさ、私この原作小説が好きだから、ちょっとその女優とイメージが違って気乗りしないな。他はアクションとドキュメンタリーがあったけど。

F1：知ってるそれ、4時間のアクション映画でしょ？ 内容は面白そうだったけど、4時間のアクションは疲れるでしょう？ ドキュメンタリーって何のドキュメンタリーなの？

F2：猫のドキュメンタリーだって。猫好きの監督が作ったらしいんだけど、これが猫好き達のハートを掴んだみたいで、何気に人気作品ランキングの上位に入ってたよ。

F1：そうなんだ、でも私猫よりは犬派かな？ ていうか本当に面白いのかな？

F2：それじゃあ、見てみたら面白いかもしれないし。イメージと違うけど、無難なところにしときますか？

🔊 二人が見る映画はどれですか？

→ 문제 p.48 🎧 48-18 ..........................................

18番 夫婦が話をしています。妻は何の為にダイエットをすると言っていますか？

M：なあ、この食事いつまで続くんだよ。肉が食べたいよ、肉が。肉買うぐらいの金、家にもあるだろう。

F：私が理想の体型になるまで、ていうかあなたは外で食べる機会があるんだから、その時食べれば良いでしょ。家にいる時ぐらい私に合わせてくれたっていいじゃない？

M：そうだけどさ、でも何で急にダイエットなんて始めるんだよ。

F：こないだ掃除してたら昔の写真が出てきてさ、その時の自分と今の自分とのあまりの違いにビックリしたのよ。昔はあんなに痩せてたのに、ああ、何でこんなになっちゃったんだろう。

M：ええ？ 別にそんなに変わってないじゃないか。健康を害するぐらい太ってる訳でもないのに、俺にはさっぱり分からないよ。今ぐらい肉が付いてるほうが俺はいいな。

F：別にあなたの為にダイエットしてる訳じゃないわよ。自分の為にしているんです。

M：そっか、一度言い出したらきかないからな、お前。体を壊さないようにしてくれよ。

F：了解しました。でさ、やっぱりさ、何事も目標があった方がやる気になるじゃない？だからといっちゃ何だけど、今欲しい服があってさ…。

🔊 妻は何の為にダイエットをすると言っていますか？

→ 문제 p.49  🎧 49-01 ..........................................

1番 雑誌のインタビューでコラムニストの男性が話しています。

M：社会人なら誰でも一度は「おごる」「おごられる」際のマナーについて悩んだことがあるはず。上司や先輩からおごる意図の明言がないのに、最初からおごってもらう態度を見せたり、遠慮がちな注文をしてしまうのは、逆に失礼にあたる可能性もあります。自分の分は自己負担の感覚で注文をするのが無難でしょう。おごる側は、最初からおごりを明言すると、相手を恐縮させる可能性があるので、やはり会計時まで黙っていた方が無難です。おごる場合も「臨時収入があった」等と相手に負担を与えない口実を作るのが賢い大人の「奢り力」といえるでしょう。

🔊 この男性の言うマナーに従うと、大人として賢い発言はどれですか。

1. 僕が出世した際には是非おごらせてください。
2. 好きな注文をしたのに、まさかおごってもらえるなんて…。
3. 今日のおごりは高くつくからな。
4. 何でも遠慮しないで好きなだけ食べていいからな。

→ 문제 p.49  🎧 49-02 ..........................................

2番 あるニュースを女性が伝えています。

F：子供の持久力や反射神経がこの10年でやや向上したことが11日、文部科学省が体育の日に合わせて公表した2008年度の体力・運動能力調査で分かりました。子供の体力水準が高かった1985年ごろと比較すると依然低いものの、同省は、「多くの種目で向上の兆しがみられる」としています。

🔊 今回の調査で子供の体力水準がどうなったと言っていますか。

1. 多くの種目で向上した。
2. 過去最高の体力水準である。
3. 一部の種目が向上した。
4. 1985年以降、どの種目もずっと低いままだ。

→ 문제 p.49 🎧 49-03

**3番** ある会社の人事部の男性が話しています。

M：求人に対しての応募メールを出す際に重要なポイントは二つあります。一つはまず『読んでもらうこと』。そのうえで『返信をもらう、興味を持ってもらうこと』です。企業側は募集を開始した時点が、採用に対する意欲が最も高いので、最初の方に届いたメールほど真剣に読むんです。しかし、メールを読んでもらえたとしても、その内容が駄目だったら、返事は来ないですよね。「自分に興味を持ってもらい、返信をもらう」ためには「自己分析と企業研究」が必要です。この会社はどんな会社で、今どんなことをやろうとしていて、どんな人材が必要なのかと。それを考えずに、自分のありのままをアピールしたのでは、相手に自分の魅力が伝わる可能性が非常に低くなります。

🔊 男性の説明によれば会社に採用されるために一番良い方法はどれですか。

1. ゆっくり時間をかけ、企業研究をしてメールする。
2. ゆっくり時間をかけ、自分のありのままをアピールする。
3. 会社に自分が貢献できる点をまとめ、早くメールを送る。
4. 早くメールを出し、自分のありのままをアピールする。

→ 문제 p.49 🎧 49-04

**4番** ある文芸評論家が話しています。

M：最近、ベストセラーとなっている小説の作者には理科系出身の人が少なくありません。「理科系は理科や数学が得意で、国語とか歴史は苦手」だという固定観念は多くの人が持っていると思います。理科系なのに文章まで上手いというのも不思議な感じがしますが、そもそも科学者は頻繁に論文などを書いているので、文章を書くことは慣れているんです。理科系作家と呼ばれるだけあって、ＳＦやミステリー作品が目立ちます。理科系ならではの論理的思考が作品の中でも生きているのでしょう。また、小説は一般的には頭から書いていくものですが、彼らはまず設計図を作っておくので、どこからでも書けるのだそうです。

🔊 正しい内容はどれですか。

1. 理科系は文章を書くのが苦手である。
2. 小説を書くときは理科系、文系は関係ないようだ。

3. 最近はＳＦやミステリー作品だけが人気がある。

4. 理科系作家は論文を元に小説を書いている。

→ 문제 p.49 🎧 49-05 ......................................................

**5番** 社会学者の女性が話しています。

F：「女子アナ」は「女子アナウンサー」を略した言葉ですが、その「タレント化」が著しいとされるものを特に指し、皮肉的に用いられる場合があります。1980年代後半以降に採用された女子アナの大半が、俗に言う、「ブランド大学」の出身であり、またその多くがミスキャンパスに選出された経歴を持つのは事実です。また、業務上必要なアナウンス技術より、容姿を優先したり、本来は許されないはずの「読み間違い」等のミスをしても、視聴率獲得のため大事にされた結果、芸能人のような扱いを受ける場合が多いです。「下手な芸能人を使うより、自局の「女子アナ」を使ったほうが、視聴者受けがよく、しかも安価、と彼女らを商品化するのは、とにかく視聴率ありきの放送局の姿勢と、これを受け入れる視聴者にも責任があると思います。

🔊 この女の人の考えはどれですか。

1. タレント化の波に乗せられるような女子アナは必要ない。

2. 容姿と知性を兼ね備えた女性はアナウンサーになるべきだ。

3. 多少アナウンス技術が不足しても平気だと思う女子アナが増えすぎだ。

4. 視聴率のためにアナウンサーを商品化するべきではない。

→ 문제 p.49 🎧 49-06 ......................................................

**6番** 学校の先生が話しています。

F：天気予報を見ていると、独特な用語をよく耳にしますね。でも、皆さんはその説明をどこまで分かっていますか？ よく考えてみると意味の違いが分からないことがありますね。例えば、「曇り時々雨」と「曇り一時雨」。「時々」と「一時」はどちらが時間が長いのでしょうか。実は、「時々」には連続的な場合と断続的な場合の二つがあり、どちらにしても一日の四分の一以上、二分の一未満を指します。それから「一時」は一日の四分の一未満を指します。こうしてみると、違いがよく分かって、天気予報を見るのも楽しくなりそうですね。

◀) 「時々」と「一時」の関係性が正しいものはどれですか。

1. 「時々」も「一時」も一日の4分の1を指す。
2. 「時々」は一日の中であるまとまった時間だけを指す。
3. 「一時」は「時々」より短い時間だ。
4. 「一時」は「時々」より長い時間だ。

→ 문제 p.49 ◀) 49-07 ··································································

7番 テレビの司会者が話しています。

M: もうすぐクリスマスですね。ということで当番組ではクリスマスについてのアンケートを実施しました。まず、クリスマスプレゼントにかける予算は？ と聞いたところ男性は13000円、女性は11000円となり、男性が用意するプレゼント予算がやや高くなりました。また、年齢別に見ると、29歳までと30代が13000円、40代は10500円、50代以上は10000円となりました。あくまでこれは平均で、答えてくださった人の中には0円や10万円という意見もありました。そして、600円や3300円など、かなり限定した金額を言ってくれた人もいましたが、このような方はすでにプレゼントを買った方なのでしょうか。相手の喜ぶ顔を思い浮かべながらプレゼントを買うのって楽しいですよね。では、次の項目です。

◀) 司会者が話している内容と合っているものはどれですか。
1. 年齢が高くなるほどプレゼントの予算が高くなる。
2. アンケートに答えてくれた人のほとんどがすでにプレゼントを買っていた。
3. アンケートに答えてくれた人の中にプレゼントを渡さないという人もいた。
4. 男性と女性のプレゼントの予算は1000円しか差がなかった。

→ 문제 p.49 ◀) 49-08 ··································································

8番 先生が社会学の授業で話しています。

M: 今日は最近大きな社会問題になっている過疎化と過密化について話したいと思います。過疎化とはある地域社会の人口がいちじるしく減少した結果、住民が一定水準の社会生活をいとなめなくなった状態のことを言います。この現象は村や島に多く見られます。過疎化が深刻な地域では若者の人口の減少によって教育・医療などに支障が出て、

残った人々がそこで生活することが大変となり荒れはててしまったところもあるほどです。一方過密化とは大都市に産業と人口が集中することを言い、交通麻痺、住宅や水不足、ゴミ処理問題などこちらも様々な問題を生み出しています。この二つの問題についてはまだ良い解決策はとられていません。

🔊 先生は過疎化によって起こる問題は何だと言っていますか。

1. ゴミ処理問題
2. 医療問題
3. 交通問題
4. 環境問題

→ 문제 p.49 🎧 49-09 ..............................................................

9番 女子学生が授業中に発表しています。

F：私はマナーとエチケットについて発表したいと思います。みなさんはマナーとエチケットの違いをご存知ですか？ マナーとは、社会生活を円滑に営むためのルールです。国や文化、習慣によって違いがありますが、その根底にある、相手に対する思いやりや配慮の心は、各国共通といってよいでしょう。一方、エチケットは、思いやりの心を表す行動です。相手を大切にする気持ちを具体的に表すことができなければ相手には伝わりません。このことからも分かるように「マナー」と「エチケット」を切り離すことはできないと思います。マナーから生まれる配慮の心があって初めてエチケットという行動に移せるからです。

🔊 女子学生の発表にタイトルをつけるとしたらどれですか。

1. マナーとエチケットの相違点
2. マナーとエチケットの関係性
3. マナーとエチケットに対する国別の考え方
4. 社会生活に必要なマナーとエチケット

→ 문제 p.49 🎧 49-10 ..............................................................

10番 社会学者が講演をしています。

M：現在少子化が進んでおり、このままいけば2055年には日本の人口が今の半分にな

るとまで言（い）われています。今日（きょう）はその原因（げんいん）についてお話（はなし）したいと思（おも）います。まずは、結婚年齢（けっこんねんれい）が高（たか）くなったということです。1950年（ねん）は男性（だんせい）26歳（さい）、女性（じょせい）は23歳でしたが、2003年には男性29歳、女性28歳と高くなりました。これにより出産（しゅっさん）する女性の年齢（ねんれい）も20代（だい）終（お）わりから30代にずれこんできました。次（つぎ）の原因として結婚しない人（ひと）が増（ふ）えたこともあります。女性よりも男性の結婚しない割合（わりあい）が高いですが、社会進出（しゃかいしんしゅつ）が増えた女性も増えてきています。また、アルバイトやパートなどの非正社員（ひせいしゃいん）も多（おお）く、将来（しょうらい）の不安（ふあん）からも結婚しない人が増えています。

◀ 少子化（しょうしか）の原因（げんいん）として当（あ）てはまらないものはどれですか。
　　1. 正社員（せいしゃいん）になれないこと
　　2. 一人目（ひとりめ）を産（う）む女性（じょせい）の年齢（ねんれい）が高（たか）くなったこと
　　3. 結婚（けっこん）する時期（じき）が遅（おそ）くなったこと
　　4. 男性（だんせい）よりも女性の社会進出（しゃかいしんしゅつ）が増（ふ）えたこと

➤ 문제 p.49　🎧 49-11 ⋯⋯⋯⋯⋯⋯⋯⋯⋯⋯⋯⋯⋯⋯⋯⋯⋯⋯⋯⋯⋯⋯⋯⋯⋯⋯⋯⋯⋯⋯⋯

11番（ばん）　テレビでアナウンサーが話（はな）しています。

M：日本（にほん）は世界（せかい）でも有名（ゆうめい）な火山国（かざんこく）です。今（いま）も活動（かつどう）している火山（かざん）は全国（ぜんこく）に108個（こ）あり、世界の約（やく）1割（わり）をしめています。時（とき）に噴火（ふんか）を起（お）こし、大（おお）きな被害（ひがい）をもたらす火山ですが、一方（いっぽう）で、温泉（おんせん）や地熱（ちねつ）などの恵（めぐ）みもあります。火山には活発（かっぱつ）に活動している活火山（かっかざん）、活動を休（やす）んでいる休火山（きゅうかざん）、活動をやめた火山を死火山（しかざん）とに分（わ）けていました。しかし活動が強（つよ）まったり弱（よわ）まったりする間隔（かんかく）は火山によってまちまちなため、活火山と休火山を区分（くぶん）するのが難（むずか）しくなり、今では活火山と、それ以外（いがい）の火山とに分けられています。

◀ アナウンサーは現在（げんざい）の火山（かざん）の区分（くぶん）がどうなっていると言（い）っていますか。
　　1. 活火山（かっかざん）と休火山（きゅうかざん）
　　2. 死火山（しかざん）とそれ以外（いがい）の火山（かざん）
　　3. 活火山とそれ以外の火山
　　4. 活火山と死火山

147

→ 문제 p.49 🎧 49-12

12番 **男子学生が作文を読んでいます。**

M：「半分このおいしさ」 田中はじめ。
　　僕の家は本や雑貨を売っています。お兄ちゃんと僕はよく店番をさせられます。店の手伝いをする度に母がアンパンをくれます。いつもは一人一つずつ食べていたのですが、ある時お兄ちゃんと一つを二人で分けて食べたことがありました。その時一人で全部食べるよりもおいしいことに気づきました。それを父に話すと「うれしい、楽しいも一人よりみんなと一緒のほうが大きくなるだろ？ それと同じで二人で半分こするとおいしいおいしいと言い合って食べるからおいしいのが倍になるんだ。」と父は言いました。それまで何でも一人で全部食べたいと思っていた僕の考えが変わった瞬間でした。今では何でもみんなで分けて食べるようにしています。皆さんも一度試してください。必ず一人で食べるよりもおいしく感じるはずです。

🔊 男子学生の考えはどれですか。
1. 食べ物を一人で全部食べたからといってまずいというわけではない。
2. 父の話を聞いて自分も誰かと半分こして食べたくなった。
3. 母がくれるアンパンだけ誰かと分けて食べるとおいしい。
4. おいしいという感情はうれしいや楽しいという感情とは別物だ。

→ 문제 p.49 🎧 49-13

13番 **男性が話しています。**

M：現代文明が人類から奪ってしまった能力には、今や想像もできない程に貴重なものが沢山あったのでしょう。電気、水道、ガス、通信回路、それを前提として発達した生活用品等、このような文明の道具がなければ生きられないというのはつまり、古の人達に比べ、「生きる能力が退化してしまった」ということだと言えないでしょうか。そしてこんな事を言っている私自身もその一人であり「都会生活者」は「退化した人類」なのだと思うのです。もう何年も前からこのような考えを時々考えています。しかし私の考え通り人類が退化しているのか、反対にこれが人類の進化なのか、その答えはまだ出ません。

🔊 男性の考えは何ですか。
1. 発達した現代文明は貴重なものが沢山ある。

2. 現代文明の発達は人類の生きる能力の退化に繋がる。

3. これ以上退化が進まないよう文明を捨てるべきだ。

4. 文明が発達することが人類の進化である。

→ 문제 p.49 🎧 49-14 ......................................................................

14番 女性従業員が館内アナウンスをしています。

F：本日は三田博物館にご来場頂き、誠にありがとうございます。ご来場の皆様にお知らせ申し上げます。ただ今夏休み特別企画といたしまして割引チケットを1階入り口にて販売しております。三田博物館入館券2,000円を1,900円にて、三田博物館入館券と観覧車のペアチケット5,400円を4,300円にて、三田博物館入館券と山の上遊園地までの往復バスチケットセット3,100円を2,800円にて、夜5時以降のご来館のアフター5ペアチケット4,000円を3,400円にて販売しております。いずれも大変お得な割引チケットになっております。また観覧車をご利用のお客様には写真撮影のサービスも行っております。ぜひご購入頂けますよう宜しくお願い致します。

🔊 販売していない割引チケットはどれですか。

1. 三田博物館入館券

2. 三田博物館入館券と観覧車写真撮影サービス付きペアチケット

3. 三田博物館入館券と山の上遊園地までの片道バスチケットセット

4. アフター5ペアチケット

→ 문제 p.49 🎧 49-15 ......................................................................

15番 女性が解説をしています。

F：成年とは人が完全な行為能力者となる年齢をいい、それに達しない間を未成年という。日本の法律では、二十歳をもって成年としている。年齢の計算は生まれた日を計算に入れ、20年後の生まれた日に成年となる。成年の効果は法律的には選挙権を手に入れることができる他、完全な行為能力者となることである。完全な行為能力者とは、たとえば単独で完全に有効な契約を結ぶことができ、他には親など親権者の同意なしに完全に有効な結婚をすることができる。これに対して、未成年者は法律行為を行う時には原則として、法律の規定に基づいて代理権が与えられた代理人の同意を得なければなら

ず、その同意なしに行った法律行為はこれを取り消すことができる。ただし、例外として未成年者であっても、結婚すると成年に達したとみなされる。日本では男は18歳以上、女は16歳以上から結婚は可能であるが現在、改定法律案として男女共、18歳以上とする案が出されている。

🔊 未成年者の法律行為を取り消すことができる理由は何と言っていますか。

1. 親などの親権者の同意を得ている場合
2. 改定法律案が男女とも18歳以上と定めた場合
3. 未成年者が男で18歳で結婚している場合
4. 二十歳以上の代理人の同意がない場合

문제 유형4 ........ 問題4 → 문제 p.50 🎧 50-01〜35 ..................................

1番　F：ちょっと言いづらいんだけど…。　　　　　　　　　　🎧 50-01

　　　M：1. どこがつらいの？ 言ってみてごらん。
　　　　　2. それじゃあ、メールで送ってね。
　　　　　3. 何？ なんか怖いなぁ。

2番　M：先日はたいそうな物をいただきましてありがとうございました。　🎧 50-02

　　　F：1. 皆さんのお口に合いましたでしょうか？
　　　　　2. もう、大変でしたよ。
　　　　　3. 別にそうでもありませんでしたよ。

3番　F：もう、ご飯食べた？　　　　　　　　　　　　　　🎧 50-03

　　　M：1. いや？ まだ食べないよ。
　　　　　2. まだ食べてないよ。
　　　　　3. 食べなかったよ。

4番　M：お名前はなんとおっしゃいましたっけ？　　　　🎧 50-04

　　　F：1. 何も言ってませんが。
　　　　　2. あの方とお知り合いですか？
　　　　　3. 佐藤京と申します。

5番　F：ちょっと大輔、お使いに行ってくれない？　🎧 50-05

　　　M：1. 何でいつも俺ばっかりに頼むんだよ。

　　　　　2. お母さん、もう行ってきたよ。

　　　　　3. あ、これ？ 使ってもいいよ。

6番　F：お嬢さんが近々ご結婚なさるとか。　🎧 50-06

　　　M：1. ええ、おめでとうございます。

　　　　　2. 確かにそうかもしれません。

　　　　　3. 田中さんの耳まで届きましたか。

7番　M：ちょっと肩借りてもいい？　🎧 50-07

　　　F：1. この前貸したじゃない！

　　　　　2. いいよ。疲れてるの？

　　　　　3. 貸してもいいけど、返してね。

8番　F：どこかでお会いしていますよね。　🎧 50-08

　　　M：1. 今、会ってるじゃないですか。

　　　　　2. そういわれれば、そんな気もしますね。

　　　　　3. 間違っていますよ。

9番　M：明日までにレポート書け、なんて、弱ったなぁ。　🎧 50-09

　　　F：1. 昔は強かったじゃない。

　　　　　2. しっかり運動して体力つけないとね。

　　　　　3. 先生も、結構無茶なこと言うわよね。

10番　M：バッハ、ベートーベン、と来れば次は？　🎧 50-10

　　　F：1. えっ？二人一緒に来るの？

　　　　　2. 有名な音楽家じゃない。

　　　　　3. モーツアルトでしょう。

11番　F：いくら忙しいからとはいえ、週末まで働きたくありません。　🎧 50-11

M：1. じゃあ、いつまでだったら働けるの？
　　2. でも、今回は会社の未来がかかってるんだ。我慢してくれよ。
　　3. それならうちに遊びに来る？

12番　F：今日は遠いところをありがとうございます。　🎧 50-12

M：1. いいえ、とんでもありません。
　　2. どちらにお住まいなんですか？
　　3. ご面倒おかけして恐縮です。

13番　M：今回の試験、難しくて泣きそうだった。　🎧 50-13

F：1. 誰がそんな泣かせるようなことをしたの？
　　2. なんで泣かなかったの？
　　3. えっ本当？ そんなに難しかったの？

14番　F：ちょっと、話しかけるから計算間違っちゃったじゃない。　🎧 50-14

M：1. そうみたいだね。
　　2. ごめん、気づかなくて。
　　3. なんだよ。話そうと思ったのに。

15番　M：この絵、とてもいい仕上がりだね。　🎧 50-15

F：1. でしょ？ 私の力作だもん。
　　2. 当たり前でしょ。今始めたばっかりだもん。
　　3. うん。だいぶ早く仕上げちゃった。

16番　F：あなた30越えてるんだから、もうちょっと自立すること考えたら？　🎧 50-16

M：1. いくら考えてもこれ以上越えられないよ。
　　2. そうだね。親にも悪いし。
　　3. そうだったの？ 教えてくれてありがとう。

17番　M：君の話し方って本当に説得力あるよね。　🎧 50-17

F：1. きっと声が大きいからそう思うのよ。

2. 力だけは自信があるの。

3. 聞き方次第よね。

18番　F：こんな大金をなぜあなたが持ってるの？　🎧 50-18

M：1. 一発当てたんだ。

2. 一回持ってみたかったんだ。

3. 一生働いたからだよ。

19番　M：先生、台本の10ページ目が抜けてます。　🎧 50-19

F：1. えっ、もう全部刷っちゃったのに。

2. えっ、病院で抜いてきたのに。

3. えっ、これが10人目よ。

20番　F：最近肌が弛んできちゃって…。　🎧 50-20

M：1. そう言われると、ちょっと出てきたかもな。

2. そう言われると、ちょっとしぼんできたかもな。

3. そう言われると、ちょっと下がってきたかもな。

21番　M：やっぱり本場の味は違うねぇ。　🎧 50-21

F：1. うん！絶品よね。

2. うん！絶食よね。

3. うん！絶対よね。

22番　F：あなた最近愚痴ってばかりよね。　🎧 50-22

M：1. 始めから気づいてたよ。

2. そんなことだろうと思ったよ。

3. そうでもしないとやってられないよ。

23番　M：昼飯どうしよっか？　🎧 50-23

F：1. どれもおいしそうね。

2. 私食欲ないからパス。

3. 朝いっぱい食べたでしょ。

24番　F：今年は大雨が続いたせいで凶作だったわね。　　　🎧50-24

M：1. えっ、何か嫌なことでもあったの？

2. うん、雨さえ降らなければな。

3. うん、たくさんとれて良かったね。

25番　M：これって君がだいぶ前に取材した記事だよね？　　　🎧50-25

F：1. そうよ、とても柔らかいでしょ。

2. うん、思ったよりいい出来だわ。

3. わ〜懐かしい。

26番　F：今月の光熱費、先月よりも１万円も高くなっちゃった。　　🎧50-26

M：1. 今月は寒くなって暖房が必要だったからしょうがないよ。

2. 今月僕が携帯電話を使いすぎちゃったからだ。

3. 家のストーブが壊れちゃったからかな。

27番　M：早く退院できて良かったね。　　　🎧50-27

F：1. ありがと、みんなのおかげよ。

2. 病状が重かったからね。

3. もうちょっと早く来てればね。

28番　F：昨日そこの交差点で会いませんでしたか？　　　🎧50-28

M：1. 人違いですよ。

2. 手違いですよ。

3. 場違いですよ。

29番　M：明日は雪になるんだって。　　　🎧50-29

F：1. ええ？今日は行けないの？

2. じゃあ、寒いんだ。

3. 初雪だったね。

30番　F：凄い音したけど、頭大丈夫？

　　　 M：1. うん、鼻の方が痛いな。

　　　　　2. 馬鹿にしないでよ。

　　　　　3. 大丈夫、昨日切ってきたところだから。

50-30

31番　M：まだ入るだろ？君もちょっと摘んできなよ。

　　　 F：1. ずいぶん柔らかくなったね。

　　　　　2. ほんとだ、凄いお腹だね。

　　　　　3. いいや、歯磨いたし。

50-31

32番　F：祖父は晩年趣味の園芸に打ち込んでおりました。

　　　 M：1. そうですか、仕事しか興味がないと思っていましたが。

　　　　　2. 今年は何に打ち込むんでしょうね。

　　　　　3. 綺麗に咲いたじゃないですか、自信を持って下さい。

50-32

33番　M：先生、朝から寒気がするんで帰らせて下さい。

　　　 M：1. 明日は厚着してくるんだぞ。

　　　　　2. 帰ってゆっくり休みなさい。

　　　　　3. 朝から怖い話して悪かったな。

50-33

34番　F：駄目だ、眠たくて意識がなくなりそうだ。

　　　 M：1. 暖房切ってみたらどう？

　　　　　2. 昨日良く寝てたからね。

　　　　　3. 無くなったら補充しといてね。

50-34

35番　M：最近すっかり紅葉してきたね。

　　　 F：1. はい　もうすっかり元気です。

　　　　　2. 秋ですね。

　　　　　3. 最近はもっぱらです。

50-35

→ 문제 p.51 🎧 51-01 ……………………………………………………………

1番 大学生が3人で話しています。

F1：ねぇ、今度行くヨーロッパ旅行、皆は保険、どうするの？

M ：保険？

F2：あー、直くんは海外初めてだから知らないか。国内だと国民保険とか社会保険に入ってるから旅行に行くときもあまり気にしないけど、海外に行ったときはまた別に保険に入ったほうがいいのよ。

M ：あー、そうなんだ。で、皆はどうするの？

F1：私、クレジットカード付帯の90日までの旅行保険にしようと思ってるんだけど、今回1ヶ月の旅行じゃない？ これまでは長くても2週間だったからあまり気にならなかったけど、1ヶ月だと、ちょっとカードの保険じゃ補償金額が少ないような気がして心配なの。

F2：そうそう、それがカードのデメリットなのよね。でも、クレジットカードの保険に、いくらかお金を払えば補償金額を高くできるオプションが最近できたそうよ。私は一度も使ったことないけど。

M ：1ヶ月くらい、保険がなくても大丈夫じゃない？ 保険がないと海外にいけないの？

F1：別にそういうわけじゃないけど、万一事故にでもあって入院するとか、どこかで遭難して捜してもらうとかしたら何百万円とか、それ以上支払わなきゃいけない場合もあるじゃない。

F2：そうそう。何もなければ無駄遣いのようだけど、保険料はいわば精神安定剤みたいなものね。

M ：そうか。じゃ、入ったほうがよさそうだね。僕はクレジットカードも持ってないし、どうしたらいいんだろう。

F1：旅行の代理店とかインターネットで海外旅行保険に加入できるわよ。出発当日でも大丈夫。私はカードについてる保険の方が安いし、それにオプションつけようっと。

🔊 男の人はヨーロッパ旅行の保険はどのようにしますか。

1 保険に加入しない
2 国民保険を適用する

3 クレジットカード付帯の保険のみを適用する

4 普通の海外旅行保険に加入する

→ 문제 p.52　🎧 52-02 ............................................................

2番　母親と子供二人が話しています。

F1：あら、雅雄、お帰り。ちょっと、あなたなんでそんなに全身びっしょりなの？　外、雨降ってきたの？

F2：ちょっとお母さん、窓の外見てよ。雨どころか快晴だけど。どうせまた友達とふざけて噴水に落ちたとかでしょう？

M　：… 一番最後にお風呂使ったのだれ？

F1：お風呂？　さぁ、お母さんずっと台所にいたわよ。亜由美、あんたじゃないの、最後。

F2：うん。あたし、さっきお風呂入ったけど。

M　：誰のせいで濡れたと思ってるんだよ。シャワー使い終わったらちゃんと蛇口モードに直しとけって、何度言ったら分かるんだよ。足洗おうと思っただけなのに、濡れたじゃないか。

F2：あんたもちょっと濡れただけなのに、なんでそんなに怒るのよ。器が小さいわね。

M　：姉ちゃん、俺だったから良かったけど、おばあちゃんだったらどうするんだよ。びっくりして倒れるかもしれないだろう。おばあちゃんのことがなかったらこんなに怒らないよ。

F1：雅雄の言うとおりね。亜由美、今度から気をつけなさいよ。それからお母さん、隣の戸田さんのところのお庭の水撒き頼まれてて、今ちょっと行ってくるから、その間お鍋見ててね。

M　：はーい。母さん、誰かに水、かけないように気をつけてねー。姉ちゃん、タオル持ってくるくらいしてくれたっていいんじゃないの？

🔊 息子はなぜ全身びっしょりなのですか。

1 帰る途中に急に雨が降ってきたから

2 友達と遊んでいて誤って噴水に落ちてしまったから

3 風呂場の蛇口モードがシャワーになっていたから

4 近所の人が庭に撒いている水をかぶってしまったから

**3番** 会社員が3人で話しています。

F1：ユメちゃん、はい、これ夕食にどうぞ。最近ずっと残業してるでしょ？

F2：あ、エミ先輩、武田先輩。すいません、ありがとうございます。いただきます。

F1：他の皆は？

F2：他の人は皆、帰りました。

M ：今何やってるの？ あー、これ、明日の会議の資料か。ユメちゃん、仕事できるのに、ここまで遅くなるなんて。仕事量が多すぎるんじゃないの？

F1：そうよ、親切も行き過ぎると自分が痛い目にあうのよ。そのうち倒れちゃうわよ。

F2：はあ…。なんだか皆予定があるみたいで、なかなか頼みづらくて。

M ：ユメちゃんの優しいところはいいけど、後輩も沢山いるんだから、ちゃんと仕事を割り振って、自分もある程度プライベートでリラックスしないと、いい仕事できないよ。

F1：人に物を頼めるようになるのも、一つの勉強と思って、今度からもっと皆と一緒に仕事をしなさいよ。それにいつまでもあなたが一人でやってたら、他の後輩の力も伸びないじゃない。

M ：今残ってる仕事で僕らが手伝える仕事はないの？ 会議室のセットとか。

F2：あ、それは明日皆でやることになっているので大丈夫です。気を使っていただいてありがとうございます。あ、それからエミ先輩、営業部と人事部合同の社員旅行の参加者のリスト、さっき先輩あてにメールで送っておきましたので、明日にでも確認していただけますか？

F1：分かったわ。ありがとう。じゃ、あと頑張って、なるべく早く帰るのよ。

🔊 女性が一人で残って仕事をしているのはなぜですか。

1 同僚が倒れてしまって仕事がたまっているから

2 一人で沢山の仕事をこなすことが勉強だと思うから

3 信頼して仕事を任せることができる人がいないから

4 なかなか他の人に頼む勇気がないから

→ 문제 p.53 🎧 53-04

4番 親子がテレビのニュースを見ながら3人で話しています。

F1: あら、2つの飛行機がお互い知らないまま1mの距離まで近づいてたって。お母さん、怖いわ。

M : あとちょっと間違っていたら大事故になってたな。だから俺、国内旅行は鉄道主義なんだ。

F2: でも、単に事故率で考えると飛行機ってどの乗物よりも安全なのよ。ある調査では飛行機に乗って死ぬ確立は0.0009%らしいわよ。年間の事故の発生率からいうと車の方が高いじゃない。

F1: じゃあ、飛行機に対する恐怖心って印象の問題なの？ 本当？ まぁ確かに歩いてても自転車でも事故に遭うときは遭うしね。

M : あとは単純に公共性の高さとか利用率の問題かもね。要するに使う回数が多ければ事故の確率だって上がるじゃん。

F2: そうよ。それに事故がおきた場合の重大性がよりある乗物は訓練を受けた人間が責任を持って安全の確認もしてるから事故があると危険な乗物であるほど事故率は低いのかもね。

🔊 娘の話が正しいとすると、事故率の低い順番で正しいものはどれですか。

　　1 自動車－鉄道－飛行機

　　2 鉄道－飛行機－自動車

　　3 飛行機－鉄道－自動車

　　4 飛行機－自動車－鉄道

→ 문제 p.53 🎧 53-05

5番 母親と娘と父親の3人が父親の健康について話しています。

F1: あっ、また食べてる。あなたこの半年で5キロも増えたのよ、このままじゃ健康にさわるじゃない。

M : ごめんごめん、でもな、タバコ止めてから腹が減ってしかたないんだよ。何だろうな、健康を考えてタバコを止めたのに、そのせいで腹が減って、食べて太ってまた健康を害するなんて悲しいなぁ。どうせ同じならタバコ止めなくてよかった

んじゃないのか？

F2： 何言ってるのお父さん！ タバコは止めてよかったのよ。吸ってる時は言えなかったけど、健康とかもそれとして、タバコの臭さが私の服にまでうつって、すっごい嫌だったんだから。家だって汚くなるし。

M ： 悪かった悪かった。冗談だよ、俺だってせっかく長年止められなかったタバコが止められたんだ。もう一度吸いたいなんて思わないよ。何だか今日は誤りっぱなしだな。

F1： とにかくあなた、私は食べるのを止めろって言ってるわけじゃないのよ。朝、昼、晩はしっかり食べて、お菓子だとかの間食をしないで下さいって言ってるんです。あとお酒も。

M ： 酒まで言うなよ、酒まで止められないよ。俺の生きる楽しみなんだから。

F2： そうよ、お母さん、お酒まではお父さんが可哀相よ。それにお父さんが飲むって言っても記憶が無くなるとか、暴れるとかそこまでなるほど飲まないでしょ？

F1： また、それはあなたもお酒が好きだからお父さんの見方なんじゃない？

F2： まぁ、それはなくはないけど。でも、そう思わない？

F1： そうね、分かった。お酒は体に悪くない程度でいいとしましょう。でも間食はほどほどにしてね。

🔊 なぜ妻は酒は止めなくていいと言ったのですか。

1 家族のほとんどが酒がすきだから
2 夫が健康に悪いほど飲まないから
3 酒を飲んでも体重とは関係ないから
4 酒が間食ではないから

→ 문제 p.54  🎧 54-06 ............................................................

6番 デパートで母親と娘と男性店員の3人が父への誕生日プレゼントについて話しています。

F1： お母さん、見て見てあの靴！ 凄く可愛くない？

F2： ちょっと明美、よそ見しないの、今日はあなたの物を買いに来たんじゃないでしょ。

M ： こちらなどいかがでしょうか？ 色はこのシルバーの他にもブラックもございます。こちらは流行に流されない安定したデザインですので、飽きずに長くお使い頂けると思います。

F1： そうですか。でも主人が今使っているものがこれと似た形なんですよ。同じようなものが二つあっても仕方ないので…。他の形とかで売れているものってありませんか？

F2： あっ！ これなんてどう？ お母さん。何か不思議な形で面白そうじゃない？ でもこれ、どうやって時間を見るんだろう…。

M ： こちらも人気商品ですね。四角い画面の中に小さな升目があって、ボタンを押して光った升目のところの目盛から時間を見るんです。これは特に若い男性の方中心に売れている商品になります。

F1： これはちょっと、デザインが主人には若すぎますし、なにより時間の見方が難しすぎて分からないと思います。やっぱり時計ですから、時間が分かりやすいものがいいです。

M ： では、こちらはいかがですか？ こちらは全体がタイヤと同じゴム素材で強度をメインに作られた時計です。日常でご利用頂いても結構ですし、アウトドアの時に付けられる方も多くいらっしゃいます。

F2： でも、これ全体的に真っ黒で大きすぎる気がするなぁ。私はこういうのより、こっちのダイヤが付いてて腕輪みたいに付けられるのがいいと思う。

F1： それ女性用じゃないの？ だから、あなたの物買いに来たんじゃないって言ってるでしょう、まったく。あなたを連れてきても全く意味がないわね。

🔊 母親はなぜ最初に見た時計が気に入らなかったのですか。
1 夫にはデザインが若すぎるから
2 色が2色しかなかったから
3 すでに似たものを夫が持っているから
4 人気がある商品ではなかったから

**7番** 家族が3人で話しています。

F1：ねえ、お父さん。お父さんは、髪の毛染めないの？

M ：なんだ、舞。お父さんが白髪だと嫌なのか？

F1：ううん、嫌って言うわけじゃないんだけど…。

F2：あなた、この前親が学校へ授業見に行く日があったじゃない。そのとき周りのお友達のお父さんが皆若く見えて、この子、それがすごく羨ましかったらしいのよ。

M ：お父さんは別にこのままでもいいと思ってるんだけどなぁ。

F1：まぁ、禿げてないだけましだけど、でも染めたらもっと格好よく見えるんじゃない？

F2：あら、お母さんはこのままの方がいいわ。

F1：なんで？ お母さんだってお父さんが若く見えるほうが良くない？

M ：お母さんは、お父さんが格好よくなったら女の人にモテて困るからそんなこと言うんだよ。

F2：あら、お父さん、若い時だって会社でバレンタインにチョコ、いくつももらってこなかったじゃない。お母さん、そんなこと心配してないわ。私の好きな俳優が白髪交じりで、ちょっとウェーブがかかってるヘアスタイルがよく似合うのよねー。だからお父さんにも染めないで欲しいわ。

M ：そういえば、この前美容室の前通ったら、かつらがいくつか並んでたんだよ。その一つがほんとに短い髪だったんだけど、それ、遊びでかぶってみたら結構お父さんに似合ってたんだ。今度床屋に行ったらそのくらいにしてみるか。

F1：えー！ 絶対止めてよね。そんなスポーツ刈りみたいなの嫌だ。

M ：うーん、じゃあ、短髪にするのは止めておいて、今回はお母さんの好みに合わせるか。

🔊 質問1 結局お父さんは髪の毛をどうすることにしましたか。

🔊 質問2 お母さんの考えで正しいのはどれですか。

➜ 문제 p.56 🎧 56-08 ....................................................

**8番** 女子学生二人と男子学生がごみの再利用について話しています。

F1：この前家のお母さんがみかんの皮でお父さんの革靴を磨いてたのよ。

F2：へぇ〜。そうなんだ。みかんの皮で磨くと何か効果あるの？

F1：うん。お母さんの話では、皮から出る汁がつやを出してくれるんだって。それに電子レンジのにおい消しにも使ってるよ。そうすると嫌な匂いが消えるんだって。

F2：島田さんのお母さんってすごいね。うちのお母さんなんてそんなこと一つもしないわよ。

M ：僕の家は島田さんの家よりもすごいと思うよ。家では牛乳パック、卵の殻、ストッキングとか使えそうなものは全て再利用してるんだ。ただ捨ててたら怒られるから、いつも捨てていいか聞く習慣までついちゃったよ。

F1：本当、吉田君の家って家よりすごいわね。

M ：うん。うちの母は何でも捨てるのがもったいない人で、捨てる前に何か再利用できたらっていつも考えてる人なんだ。

F2：ねえねえ、吉田君のお母さんはそれぞれどういう風に再利用してるの？

M ：牛乳パックはケーキの型とかカレーとかを保存したりするのに使ってて、卵の殻は食器洗い、ストッキングは埃取りとか台所の掃除に使ってるかな。どれもすごい効果だよ。

F1：家のお母さん食器の油をきれいにとる方法は知らないみたいだから教えてあげよ〜。ありがと、吉田君。

🔊 **質問1** 男子学生の母はストッキングをどのように再利用すると言っていますか。

🔊 **質問2** 女子学生は何の再利用法を母に教えると言っていますか。

→ 문제 p.57 🎧 57-09

9番　レストランに来たカップルを店員が案内しています。

M1：いらっしゃいませ。何名様ですか？

M2：二人です。

M1：では、こちらへどうぞ。こちらの席になります。

F　：あの〜すいません。できればあっちの窓側の席に行きたいんですけど。

M1：申し訳ございませんが、あちらの席はご予約席となっておりまして…。

M2：ここでいいです。いいだろ？ 座れよ。

F　：分かったわよ。

M2：おいしいもの食べられればそれでいいだろ。何でいつも場所にこだわるんだよ。

F　：せっかく屋上にあるレストランに来たんだから、夜景見ながら食べたいじゃない。

M2：今日はクリスマスで人多いのに、そんなわがまま言わないでくれよ。食べられるところがあっただけでもいいと思わないと。

F　：私が悪いわけじゃないのに何でそう思わないといけないの？ だいたいあなたの予約ミスでこうなったのよ。今日行くはずだった店、本当にハンバーグがおいしいって有名で楽しみにしてたのに。

M2：…。それは本当に悪いと思ってる。ごめん。

M1：あの〜、お客様、先ほどの席なんですが、予約されていたお客様からキャンセルの連絡が入りましたので、いかがいたしましょう。

F　：もちろん移動します。

🔊 質問1　カップルは元々どこで食べようとしていましたか。

🔊 質問2　店員はなぜカップルに席の移動を提案しましたか。

10番　美容室で美容師二人と客の女性がヘアスタイルについて話しています。

M1：いらっしゃいませ。今日はどのようなヘアスタイルをご希望ですか？

F　：パーマをお願いしたいんですが。

M1：分かりました。では早速巻いていきたいと思います。今日担当させていただく大木と佐々木です。よろしくお願いします。

F　：お願いします。

M2：だいぶ髪長いですね。

F　：はい、パーマをしたくて伸ばしました。

M2：そうだったんですか。

M1：なぜパーマにしたいと思われたんですか？

F　：1年前ぐらいにちょっときついパーマが流行ってたじゃないですか。友達がしててとてもかわいかったんです。でも私その時まだ髪が短くてできなかったんです。それで1年伸ばし続けてやっとできる長さになったんです。でも、今はそのパーマも流行ではなくなりましたよね。

M2：いいえ。そんなことないですよ。今もパーマは流行ってますけど、かけ方が少し変わったんです。前は全体的に強くあてるパーマが流行っていたんですが、最近では毛先をゆるく当てて真ん中の部分だけきつくあてるパーマが流行ってるんですよ。

M1：今日もそういう形でやらせていただいてもいいですか？

F　：はい、お願いします。

🔊 質問1　客の女性はなぜ1年前にパーマをかけられなかったのですか。

🔊 質問2　美容師は今の流行のパーマはどういうパーマだと言っていますか。

11番　歯医者で患者の男性が治療を受けています。

M1：今日はどうしました？

M2：何も食べていなくても奥の歯がずきずき痛むんです。

M1：ちょっと見せてください。あ〜これはひどい虫歯ですね。ここまでの虫歯になると、歯磨きでどうにかなるという問題ではないので、もっとひどくなる前に抜くのが一番いいと思います。

M2：えっ！ 抜くんですか？ 大人になってこんなこと聞くの恥ずかしいんですけど、抜くのってとても痛いですよね？

F ：麻酔をするから大丈夫ですよ。心配しないでください。

M2：そうですか。じゃあ、お願いします。

M1：明日もう一度来て下さい。歯を抜く日は朝から何も食べない状態でなければいけませんので。

M2：分かりました。

M1：それと上野さんの歯は黄色くなってしまっています。これは歯磨きの仕方が悪い証拠なんですよ。小川さんに歯磨きの正しい説明をよく聞いて正しい歯磨きの仕方を覚えて帰ってください。

M2：分かりました。ありがとうございました。

F ：では、これから説明しますね。前歯や奥歯は歯ブラシを横に持って軽く磨けばいいんですが、磨きにくい歯がありますよね。その時は歯ブラシを縦に持って下から上に磨くようにしてください。そうするときれいに磨けますよ。

M2：そのようにやってみます。ありがとうございました。

🔊 質問1　先生はなぜもう一度歯医者に来いと言ったのですか。

🔊 質問2　正しい歯磨きの仕方はどれですか。

→ 문제 p.60 🎧 60-12

12番 親子が話しています。

F1：ねえ、お父さん、逆立ちってどうやったら出来るの？

M ：逆立ち？ なんで逆立ちが出来るようになりたいんだ？ あれってけっこう難しいだろう。

F2：今ね、学校の体育の授業で逆立ちがあって、この子の友達がみんな出来るらしいのよ。

F1：ミクちゃんも、カナちゃんも逆立ち出来るんだよ。サチだけ出来ないのは嫌だよ。

F2：分かるけど、ミクちゃんもカナちゃんも体操教室通ってるでしょう。だからサチより上手なのは仕方がないのよ。

F1：じゃあ、サチも体操教室行きたい。

F2：どうせあなた直ぐ飽きちゃうじゃないの。前だって皆が習ってるからピアノ教室行きたいっていって、1ヶ月もしないうちに辞めちゃったじゃない。皆が行ってるから行きたいとかじゃ駄目なのよ。自分が本当にしたい事じゃないと。サチは本当に体操がしたくて体操教室に行きたいの？

F1：うん…分かんない。でも、逆立ちは出来るようになりたいよ。

M ：そっか、分かった。分かった。じゃあ、今日からお父さんがサチの逆立ちの先生だ。お父さんと練習して頑張って出来るようになろう。それが楽しかったら体操教室に通うのはどうだい？

F2：あなた、またそんなこと言って。そんな時間あるの？ 最近忙しいって言ってるくせに。第一あなただって続けるの苦手じゃないの。

M ：ははは、サチは俺に似てるのかな。まあ大丈夫さ、サチが本当に出来るようになりたくて一生懸命練習するんだったら、俺も時間を作ってそれを手伝うよ。そうだ、お父さんも逆立ち出来るようになろうかな？

F1：うん。お父さん、二人で頑張ろうね。

🔊 質問1 娘が逆立ちを出来るようになりたい理由は何ですか。
🔊 質問2 母が娘を体操教室に行かせたくないのはなぜですか。

13番　学生が文化祭の学内警備について話しています。

M　：おい、いきなり集まれって言われたって、皆バイトとか約束とか入ってて来られない
　　　だろう。誰だよ、こんな奴部長にしたの。

F1：3年生が私しかいないんだから、私には部長になるしか選択肢がなかったの。ていう
　　　か、あんたはまた後輩の身分で先輩に向って。

F2：先輩落ち着いて下さい。あんたも先輩に失礼なことばっかり言わないの。ところで、
　　　今日の用件は何ですか？

F1：ごめん、すっかり忘れてたんだけど。うちの部さ、文化祭で店出すでしょ？ それで
　　　さ、店出す部は何人か学内警備に回らないといけないのよ。しかもその警備に回る人
　　　をリストにして今日提出しなきゃいけなくて。

M　：何で、そんな大事なこと忘れるんだよ。うちは店の他にも舞台があるだろ。

F1：その件に関しては申し訳ございませんでした。でさ、警備の時間帯が10時から30
　　　分、1時から30分、3時から30分、5時から30分、の四つあって、どれか一つでい
　　　いんだけど。

F2：そうですか。とりあえず、警備に回る人間としては店の方は人数が少ないですから舞
　　　台の方からしか出せないですね。そうなると舞台が1時30分からと4時からなんで、
　　　メイクとか準備の時間を考えると1時からの警備は無理ですね。17時の警備も舞台が
　　　50分あるので、終って片付けを考えると間に合わないですよ。そうなると10時か3
　　　時ですけど。

M　：確かに10時は全員そろってるけどさ、店用のテント、当日の9時からしか立てられ
　　　ないだろ？ あれ去年なんか全員でやって2時間はかかったぜ。店を開けるのが11時
　　　だろ？ 警備には回せないだろう。でも3時も4時の舞台準備を考えたら無理か。

F1：いや、3時のにしよう。前もってメイクしといて警備も舞台の30分前には終るし
　　　さ、一人ぐらいだったら行けるでしょう。私が行くよ。忘れてたのは私のせいだし
　　　ね。

M　：いいよ、俺が行くよ。お前は部長なんだからいつでも動けるようにしとかないと困る
　　　だろ。

🔊 質問1　1時からの警備に回れない理由は何だと言っていますか。

🔊 質問2　文化祭でこの部が全員で同じ作業をしている時間は何時ですか。

168

## 問題1

→ 문제 p.64 🎧 64-01 ......................................................

1番 女の子がお母さんと電話で話しています。女の子はどのトイレットペーパーを買います
   か。

   F1: もしもし、お母さん？ あたし今スーパーに来てるんだけど、確かトイレットペーパ
       ー、もうすぐなくなりそうじゃなかった？ 買って帰ろうか？

   F2: あー、舞？ うん、そうなの。じゃ、買ってきて。

   F1: うん、分かった。あのさ、今、売り場にいるんだけど、うちってどれ使ってたっけ？

   F2: どれって、メーカーは分かってるでしょう。

   F1: うん、このスーパーは一つのメーカーしか置いてないみたい。っていうかね、一枚の
       タイプと二枚重ねのタイプがあって、それぞれ無臭と匂い付きのがあるけど、どれ買
       ったらいいのか分からないの。どれにする？

   F2: この前、試しに一度匂い付きのタイプにしたら、おばあちゃんもお父さんも嫌がって
       たのよ。だから無臭で二枚重ねのにしてちょうだい。

   F1: あたしは匂い付きでよかったんだけどなー。あ、あと一枚のタイプだと二枚重ねより
       100円安いみたいだけど。

   F2: じゃ、安いほうで。でも、匂い付きのはやめてちょうだい。

   F1: はーい。

   🔊 女の子はどのトイレットペーパーを買いますか。

→ 문제 p.64 🎧 64-02 ......................................................

2番 夫婦が部屋の照明について話しています。二人が明日買うのはどの照明ですか。

   M: 卓上の電気スタンド、もう使えないよ。今、本読んでたのに電気が切れちゃってもうつ
      かないよ。

   F: そう、じゃあ、明日新しいのを買いに行く？ 電気スタンドを買うついでに、ちょっと
      気分を替えて部屋のメイン照明を思い切ってシャンデリアにしてみない？

   M: そんなの俺、嫌だよ。それにメインの照明はこのままで十分いいじゃん。もし雰囲気を

変えたいなら、天井の照明じゃなくて、間接照明にするとぐっと変わるらしいよ。俺は、ホテルみたいに床に置いて、ある程度高さのある照明がいいなぁ。

F：うーん、昨日雑誌でインテリアの特集を読んだんだけど、天井が低い部屋は高さのある家具を置くと圧迫感があるんだって。うちって天井低いじゃない。だから、あなたの言ってる照明だって圧迫感生むわよ。

M：じゃあ、最近流行の和モダンでいってみる？

F：ああ、和紙でできた低い照明のことね！ うんうん、いいじゃない。最近、私も和モダンもいいなぁって思ってたところなの。それなら、私、そういう照明作ってる友達がいるのよ。今度会った時、話してみるわ。明日はとりあえず今すぐに必要なものだけ買いましょうよ。

M：そうだね。

🔊 二人が明日買うのはどの照明ですか。

➡ 문제 p.65 🎧 65-03 ..........................................................

3番 広告会社の担当者が二人で新作の映画のポスターの図案について話しています。出来上がるポスターはどれですか。

M：今回はホラー映画か…。何か一度見ただけで頭の中から離れないようなデザイン無いかなぁ。

F：部屋がいくつもある幽霊屋敷の話か…。だったらそれにちなんで、ドアだけがバーッとならんでるのはどう？

M：似たようなの見たことあるよ。真似になっちゃわない？ だったら部屋のドアを一枚だけにして、それが開くか開かないか、少ししか隙間が無いんだけど、そこから奥をのぞきたくなるようなのはどう？

F：それに、音をつけようか、ドアの「ギー…バタンッ」っていう音。人がポスターの前を通ると、その音が流れるような仕掛け。

M：あ、この前そういうの東京駅で見かけた。確かに斬新な感じはするけど、音をつけると予算がねぇ…。映画会社からは低予算でって依頼があったからちょっと無理そうだな。

F：うーん、じゃあ、こういうのはどう？ ドアに「ノックしてください」って書いてあるんだけど、実際にポスターをノックすると、そのはずみでドアが開いて血だらけの手だけが出てくる、みたいな…。

M：あの…、気持ち悪いんだけど。それに、その落ちた手、どうやって戻すの？ 面白半分で考えないでよ、仕事なんだから。

F：ごめん、ごめん。じゃ、ドア一枚の最初のバージョンでいってみよう。

🔊 出来上がるポスターはどれですか。

➡ 문제 p.65 🎧 65-04 ………………………………………………………………………………

**4番** 学校でホームルームの時間に遠足のバスの座席決めをしている最中、男の子が二人で話しています。二人はバスのどの席を希望しますか。

M1：なあ、どこにする？ やっぱりバスっていえば、最後尾だよなー。

M2：あー、そうだよね。広いし座席も高くてよく前が見えるし。

M1：あ、でも前にバスで遠足行った時に先生の後ろの席になったんだけど、案外良かったよ。ほら、先生って運転手さんとかバスガイドさんとかと話すじゃん。三人の世間話とか、普段家じゃ親がしないような話で面白かったよ。

M2：ふーん。あ、あの時か。僕が席が足りなくてバスの後ろの方の補助席にいた時の話でしょ？

M1：そうそう。だから、今回は最後尾でも先生の後ろの席でもどっちでもいいかなー。

M2：あ、ちょっと待って、黒板見てみなよ。やっくんの好きな香織ちゃんが後ろから3番目の列に決まったみたいだよ。やっくん、香織ちゃんのすぐ後ろの列にしたら？

M1：えー、恥ずかしいから先生の後ろでいいよ。

M2：なんだよ、教室じゃ席が離れてるんだからいい機会じゃん。僕、本当は車酔いするからなるべく前の方がいいんだけど、今回はやっくんと一緒に彼女の後ろに座ってあげるよ。

M1：しょうがないなぁ。分かったよ、そうするよ。ありがとう。

🔊 二人はバスのどの席を希望しますか。

➡ 문제 p.66 🎧 66-05 ………………………………………………………………………………

**5番** 女の子二人が家で話しています。この家の子は友達にどのハンガーをあげますか。

F1：お邪魔しまーす。あ、かすみちゃんの部屋、かわいいー！ いいなぁ。私もこんな部屋に住みたいなぁ。あっこれ、いいね！ どこで買ったの？

F2： え、どれのこと？　ああ、このハンガーね。いいでしょう。100円ショップで買えるよ。

F1： へえー、帰りにお店行って私も買おう。私、キャミソールみたいな肩紐が付いてる服を結構沢山もってるんだけど、紐が細いからハンガーにかけてもすぐにずり落ちちゃって困ってたんだ。こういう凹みが付いてると落ちなくて便利だね。

F2： 奈々ちゃん、こういうのもあるよ。これは、肩の部分の凹みに加えて更にクリップもついてるの。スカートとかとセットになってる服をかけるとき、便利だよ。

F1： あ！　いいね、これ。これの方がいいなぁ。うちにあるのはただクリップがついてるのだけなの。

F2： それだって悪くないじゃない。最近はどんどんアイディア商品が出てきて便利になるよね。

F1： アイディア商品といえば、お母さんがこの前お父さんの誕生日にベルトを20本もかけられるハンガーをあげてたの。見たことある？　こんな感じで、四角くて真ん中にも棒があるやつ。

F2： あー!!　うちにも同じものある、ある！　あ、そうだ。かすみちゃん、気に入ったんだったらこれあげるよ。私、何本も持ってるし。それにこれ、100円ショップじゃ売ってないの。海外でファッション関係の仕事してるいとこのお姉ちゃんがくれたんだ。

F1： えー本当！　ありがとう。

🔊 この家の子は友達にどのハンガーをあげますか。

➜ 문제 p.66 🎧 66-06 ·······································································

**6番** 男の子が写真屋さんにいます。男の子はどのサイズを何枚頼みますか。

F： いらっしゃいませ。証明写真ですか。

M： はい。あの、いろいろなサイズにできますか？

F： はい。一番小さい2.5×3cm(センチ)の免許証用のものから4×5cm(センチ)までの4種類があります。

M： 今度、芸能プロダクションの大会に応募するんですけどそれが、4×5なんです。あとパスポートの申請もしなくちゃいけないんですけど、パスポートの写真の大きさってどれですか？

F： パスポートは35ミリ×45ミリですね。

M： じゃあ、プロダクションの大会の方は何回落ちてもいいように4枚もらえますか。パス

ポート用のは２枚でいいです。

F：お客さん、ハンサムだし魅力的だからきっとその大会も１枚で足りますよ。でも、一応ご注文どおりに準備しますね。

M：あっ！ すいません、３×４の写真て６枚でいくらですか？ 今度姉が就職活動の時に使うらしいんです。

F：６枚で1500円ですが、今日ご注文いただいたので、写真をお渡しする時に15％割引のクーポンを差し上げますね。では、早速写真をお撮りしますので、こちらへお願いします。

🔈 男の子はどのサイズを何枚頼みますか。

## 問題２

➜ 문제 p.67 🎧 67-01

1番 家で母と娘が話しています。娘がリビングのカーテンを閉めきっている理由は何ですか。

F1：ただいまー。あら、由美、どうしてまだ夜でもないのにカーテン閉めてるの。ちょっと今帰ってくるとき見たんだけど、今日の夕焼け、すごく綺麗よ、ほら見てみなさいよ。

F2：えーっ、お母さん、眩しいよ。閉めて、閉めて。

F1：ずーっと閉めきってたから眩しいだけでしょ。開けるわよ。

F2：違うの、ちょっと映画見てたんだから終わるまで開けないで。

F1：映画なんか自分の部屋で見なさいよ。テレビあるでしょ？

F2：だってー、お姉ちゃんが勉強するって言うんだもん。私、映画を見るときは映画館みたいな気分を味わいたいの！

F1：はいはい、分かったわよ。あ、それからこういう時だけ閉めてないで、ちゃんと部屋で着替えるときとか閉めてるの？ 向かいにマンションができたでしょう。気をつけなさいよ。

F2：あ、そういえば、私もこの前ベランダで洗濯物干してたらマンションの人と目が合って気まずかったわ。

🔈 娘がリビングのカーテンを閉めきっている理由は何ですか。

→ 문제 p.67 🎧 67-02 ...................................................................

2番 夫婦がゴミの捨て方について話しています。夫がアパートの大家さんに怒られた理由は
何ですか。

M：ゴミ捨ての曜日って変わった？

F：え？ 変わってないと思うけど、なんで？

M：ほら、雅子が旅行で家を空けてたとき、頼まれてたゴミ捨て、教わった通りにやったん
だけど、ゴミ捨て場で大家さんとばったり会って、出し方が違うって怒られたんだよ。

F：でも、木曜日に燃やすゴミ、金曜日に燃やさないゴミを出したんでしょ？

M：うん。

F：あら、それなら大家さんの勘違いなんじゃない？

M：そうだよな。しかも、時間帯もきちんと守ったし。

F：でも、また怒られるのも気分悪いわね…。あら、あなた、先週回ってきたアパートの
回覧板、今確認してみたんだけど、私たちの地域、燃やすゴミの内容が今月から変わっ
たみたいよ。だから怒られたのね。

🔊 夫がアパートの大家さんに怒られた理由は何ですか。

→ 문제 p.68 🎧 68-03 ...................................................................

3番 母親と姉が話しています。弟はなぜいつもより早く寝てしまったのですか。

F1：お母さん、篤志は？ まだ帰ってないの？ ちょっと聞きたいことがあるんだけど。

F2：帰ってるわよ。でも部屋で寝てるわ。

F1：なんで？ まだ夕方の4時じゃない。いつも夜中の2時まで起きてる子が。具合でも
悪いの？

F2：ううん。風邪はもう治ったみたい。今日は人に頼まれて早く寝たみたいよ。

F1：頼まれたって、誰かとバイトの夜勤の交代でもしたの？

F2：いいえ。なんだったかしら、大学の教授の研究実験のアルバイトって言ってたかし
ら？

F1：え？ 学校の教授？ あー、あの子の専攻、心理学だったっけ。ふーん、そんな実験が
あるのね。でもいいタイミングよ。今日、レポートの提出があるって、昨日徹夜して
たからぐっすり眠れるんじゃない？

◀) 弟はなぜいつもより早く寝てしまったのですか。

➜ 문제 p.68  🎧 68-04 ⋯⋯⋯⋯⋯⋯⋯⋯⋯⋯⋯⋯⋯⋯⋯⋯⋯⋯⋯⋯⋯⋯⋯⋯⋯⋯⋯⋯⋯⋯⋯

4番 夫婦が夕食の時間に話しています。今日はなぜキノコ料理が多いのですか。

M：お母さん、今日はやけにキノコを使った料理が多いね。あ、高級な松茸まである。友達ときのこ狩りにでも行ってきたのかい？

F：いいえ。今日は商店街でお米の安売りがあったのよ。で、お米を10ｋｇ買ったら商店街のくじ引き券をもらったのよ。

M：あ、じゃあ、これ全部くじ引きの景品なの？ いいの当てたんだね。よくやった！

F：ちょっと、あなた最後まで話聞いてよ。実はね、これ、お隣の安田さんからいただいたの。

M：じゃあ、くじ引きは何を当てたんだい？

F：私、宝くじとかロットとか、そういうの、本当に運が無いのよ。だから、それを安田さんにあげたら、ただじゃ申し訳ないからって、こんなに沢山きのこをくださったの。

M：へぇー、安田さんもどうしてこんなにキノコをたくさん買ったんだろうなぁ。

F：それこそ、きのこ狩りに行ったんですって。今度、私たちも行きましょうよ。

◀) 今日はなぜキノコ料理が多いのですか。

➜ 문제 p.68  🎧 68-05 ⋯⋯⋯⋯⋯⋯⋯⋯⋯⋯⋯⋯⋯⋯⋯⋯⋯⋯⋯⋯⋯⋯⋯⋯⋯⋯⋯⋯⋯⋯⋯

5番 会社で上司と部下が話しています。部下は地方バスのどんな点に驚いたのですか。

M1：鈴木君、今回の出張、お疲れだったね。初めての地方営業はどうだった？

M2：はい、なかなか手応えを感じました！ それに地方のバスに乗ったのも初体験だったので、面白かったです。降りるときに料金を支払うバスがあるなんて、思いもよりませんでした！

M1：へぇ。確か鈴木君はずっと東京だったね。

M2：はい。僕が育ったところは始発から終点までずっと180円で乗れるんですけど、地方は距離制のところが多いみたいですね。

M1：ああ、だから乗り口が後ろにあって、降り口が運転席の横にある場合がほとんどだ。

M2：なんか、仕事で行きましたけど、非日常的な感じでしたから、いつもの出張とは一味違いました。車内のラジオも訛りが入っていてとても新鮮でしたね。

◀) 部下は地方バスのどんな点に驚いたのですか。

→ 문제 p.69 🎧 69-06 ....................................................................

6番 女性が二人で話しています。片方の女性はなぜ今日メガネをかけているのですか。

F1: おはよう。

F2: あれ？ 直子、メガネなんて珍しいね。いつもかけてたっけ？ 最近流行のイメチェン？

F1: そうなの、似合うでしょ…なんちゃって。本当は、今日はちょっとコンタクトの調子が悪くて。

F2: えっ？ コンタクト？

F1: うん、つけてるの知らなかった？ そのうち角膜を矯正して視力を上げるレーシック手術をうけようかなって思ってるの。手術前1週間はコンタクトつけたらいけないみたい。

F2: へー。そうなんだ。目が悪い人も苦労するだろうけど、私みたいに視力が良すぎても辛いわよ。

F1: どうして？

F2: なんでも視界にはっきり入っちゃうから、人が多い場所に行くと目が回って頭も痛くなるの。

F1: それも辛いね。

◀) 片方の女性はなぜ今日メガネをかけているのですか。

→ 문제 p.69 🎧 69-07 ....................................................................

7番 会社の同僚の男性と女性が話しています。男性はなぜ手品をやめてしまったのですか。

F: ねぇねぇ、来週の忘年会、高野君の手品、楽しみにしてるからね。

M: あ…それなんだけど、やっぱりやめたんだ。

F: えー！ 何で？ 今は手品見せてくれるレストランはすごく人気だし、今回の忘年会を機に、彼女ができるかもよ。

M: それならこの前、告白してOKもらったよ。

F: 何それー、初めて聞いた。とにかく、まだ練習する時間はあるじゃない。

M：うーん、練習不足っていうよりは心理的な問題で。この前、参考に手品ショーを観に行ってきたんだけど、会場の客が途中で口を挟むんだよね。おかげで気分悪かったよ。

F：あぁ、最近、テレビでも手品のトリックを暴露する番組多いもんね。でも、会社の同僚なんだからそんな邪魔になるようなことするわけないじゃない。

M：どうかな。俺の友達でもそういう奴、いるし。そういう客に口を挟まれても、それを上手く交わすコツがどうもつかめなくてね。

F：そうか。楽しみにしてたのに、残念。

🔊 男性はなぜ手品をやめてしまったのですか。

## 問題3

➔ 문제 p.70 🎧 70-01

1番　大学の学生生活課のスタッフが話しています。

M：アルバイトの目的はいろいろあるようです。「生活維持」という切羽詰った目的が一番多くなっていますが、一方で「身の回り費」、「飲み会・交際費」という回答が2番目・3番目となっています。男性・女性で比較してみますと、男性では「生活維持」が女性より10ポイントほど高くなっています。女性では、「身の回り費」が男性の2倍近くになっています。比率は低いですが、男性の「大型商品購入」が女性の4倍になっているのも特徴的です。

🔊 学生のアルバイトについて正しい内容はどれですか。
1．最大の目的は生活維持のためである。
2．身の回り費のほとんどは洋服と化粧品である。
3．飲み会・交際費は男性のほうが出費が多い。
4．大型商品の購入にかなりの金額が費やされる。

➔ 문제 p.70 🎧 70-02

2番　小学校の校長先生が話しています。

F：わが校が学芸会を全校的な規模で行うのは、生徒たちに表現力、創造的な集団活動の楽しさを体験させるとともに、普段の学習の成果を相互に交流させたいからです。演劇や

合唱などを主とする特別なプログラムを編成し、学年や学級単位に発表し、鑑賞するという総合的な教育活動です。昔は、保護者や地域の人々に学校教育の実情を知ってもらうことも一つの狙いで、そのために一年のうち農作業が暇な時期を選んで計画されることが多かったみたいですね。最近では、徐々に校内的な行事の性格が強くなってきて、卒業生を送る会などの一貫として実施する学校が増えつつあります。

🔊 校長先生によると学芸会はどんな性格を持っている会ですか。
1. 運動会のように各チームが優劣を競う会
2. 農作業が暇な時期の娯楽として発達した会
3. 集団活動を楽しみながら学びの場ともなる会
4. 卒業生を送る会の練習として効果的な会

➜ 문제 p.70  🎧 70-03 ..........................................

3番　食品衛生研究所の職員が話しています。

M：かつて、法律で加工食品に対する表示が義務付けられていたのが製造年月日です。今日ではそれに代わり消費期限、賞味期限という表記が義務付けられるようになっています。ただ、一部の商品では現在でも製造年月日を併記しているものもあります。消費期限は弁当、調理パンなど長く保存がきかない食品に表示されています。つまり「安心して食べられる期限」ですね。そしてスナック菓子、インスタント麺、缶詰など長期保存がきく食品に表示されているのが、賞味期限です。これは「美味しく食べられる期限」であって、期限が過ぎたからといって食べられないわけではありません。品質保持期限も賞味期限と同意語ですが、法律で後者に統一されました。

🔊 傷みやすい食品に表示しなければいけないものはどれですか。
1. 品質保持期限
2. 賞味期限
3. 製造年月日
4. 消費期限

➜ 문제 p.70  🎧 70-04 ..........................................

4番　ある県の教育委員会の一人が話しています。

F：親が学校に「子供に掃除をさせるな」「喧嘩をした相手の子供を転校させろ」といった不当な要求を繰り返すケースが増え、こうした保護者は「モンスターペアレンツ」とも呼ばれています。長時間の苦情や抗議の電話が授業中にまで及び、教師の日常業務に障害が生じているほか、ストレスで健康を崩す教師も多いです。学校が手に負えないクレーム対応について、カウンセラーや弁護士に任せたり、ボランティアの協力を得たりする、という今回の対策は、教師の負担を減らし、生徒と向き合う時間を確保する目的があります。

🔊 正しい内容はどれですか。
1. モンスターペアレンツは常識的な要求を何度も繰り返す。
2. 常識外れな保護者への対応策を考えなければならない段階にきた。
3. 日常業務のストレスが溜まり自殺する教師が多い。
4. 今後、教師の代わりにボランティアが生徒の相談にのることになる。

→ 문제 p.70 🎧 70-05

5番 郵便局の局長がインタビューに答えています。

M：国民の間に普及してきた郵便制度と、日本に古くからあった「年賀状」の伝統が結びつくには、さほどの時間を要しませんでした。郵便制度が誕生するのと同時に、上流階級の人々や知識人を中心に、それを利用した年賀状が、頻繁に出されています。初めは、和紙などに書いた年賀の言葉を、封書で送っていたのですが、葉書が普及、一般化してくると、中心はそちらに移行していきます。もともとお祝いの言葉と名前だけでも成り立つ年賀状は、さほど長い文にはなりません。葉書という形態は、それにぴったりでした。葉書で年賀状を出すことが、上流階級や知識人のみならず、一般庶民にも身近な存在になっていきました。

🔊 郵便局長は何について話していますか。
1. 多様化する年賀状文化
2. 葉書による年賀状の急速な普及について
3. 葉書の登場
4. 必要に迫られて誕生した年賀郵便について

➔ 문제 p.70 🎧 70-06 ．．．．．．．．．．．．．．．．．．．．．．．．．．．．．．．．．．．．．．．．．．．．．．．．．．．．．．．．．．．．．．．．．．．．．．．．

6番　テレビ局でアルバイトをしている男性が話しています。

M：血液型をテーマにしたテレビ番組の視聴率はいいです。以前は「嫌いな血液型ランキング」など直接的な調査結果まで放送されていましたが、最近は当たり障りのない穏やかな内容になっています。行き過ぎた内容は反響も大きいですが、視聴者からの抗議も多いんです。確かに、血液型はある意味危険な企画でもありますよね。血液型で性格を決め付けるような内容が影響の大きいテレビというメディアを通じて放送されれば、差別に繋がりかねない。僕も確かに偏見はよくないと思います。ただ、日本では一般の血液型信仰は強いですし、血液型の話題はコミュニケーション手段としても有効なんですよ。共通な話題の少ない僕達にとってはありがたいです。これからも番組には適度に盛り上がる材料を提供して欲しいと思っています。

🔊 血液型をテーマにしたテレビ番組について男性はどのように考えていますか。

1．極端な決め付けでなければ、ある程度は構わない。
2．「嫌いな血液型ランキング」は興味深かった。
3．視聴者からの反発が強いので控えるべきだ。
4．最近は無難な内容になりすぎてつまらない。

## 問題4

➔ 문제 p.71 🎧 71-01~14 ．．．．．．．．．．．．．．．．．．．．．．．．．．．．．．．．．．．．．．．．．．．．．．．．．．．．．．．．．．．．．．．．．．．

1番　F：ねえ、林さんの息子さん、歳いくつだっけ？　　　　　　　🎧 71-01

　　　M：1．今、10個。
　　　　　2．今年で十になるのかな。
　　　　　3．先週、十年目に入ったよ。

2番　M：駅前もちょっと知らない間に随分変わったね。　　　　　　🎧 71-02

　　　F：1．駅前以外にはどこが変わったの？
　　　　　2．昨日と何も変わらないわね。
　　　　　3．そうね、私もびっくりしたわ。

3番　F：高橋君、あなた、まだ出してないよね。　　🎧 71-03

　　　M：1．提出されたよ。
　　　　　2．もう受け取り済みだよ。
　　　　　3．とっくに課長に渡したよ。

4番　M：誰がこのコップを割ったんですか？　　🎧 71-04

　　　F：1．こちらが田中さんです。
　　　　　2．田中さんです。
　　　　　3．田中さんをご存知ありませんか？

5番　F：もしもし、遅いじゃない。一体どこをふらふらしてるの？　　🎧 71-05

　　　M：1．あー、もうすぐ帰るよ。
　　　　　2．足だけど。
　　　　　3．ここをこうすると速くなるらしいよ。

6番　F：もう、感動で胸がいっぱい。　　🎧 71-06

　　　M：1．何をそんなに食べたの？
　　　　　2．僕はご飯を三杯もお替りしたよ。
　　　　　3．さすが南田監督が作った映画だよね。

7番　M：お母様をはじめ、皆さんによろしく。　　🎧 71-07

　　　F：1．うちの母、何も始めていませんが。
　　　　　2．あ、はい。伝えておきます。
　　　　　3．こちらこそ、どうぞよろしく。

8番　F：佐藤広美と申します。社長にお目にかかりたいのですが。　　🎧 71-08

　　　M：1．失礼ですが、お約束はおありでしょうか？
　　　　　2．こちらへどうぞ。お目に入れます。
　　　　　3．ええ、今でしたらご覧いただけます。

9番　M：今晩観に行くミュージカル、何階席なの？　　　🎧 71-09

　　　F：1. 前から7列目の席よ。

　　　　　2. なかなか取れなくて3階になっちゃった。

　　　　　3. 午後の2回目の公演よ。

10番　M：新しい部長は仕事もできれば歌もうまくて同じ男から見ても格好いいよ。

　　　　　　　　　　　　　　　　　　　　　　　　　　　　　🎧 71-10

　　　F：1. あら、歓迎会でカラオケに行ってきたの？

　　　　　2. へえ、そんなに格好いい女性なら私も憧れちゃうわ。

　　　　　3. 歌だけ上手くても仕方ないじゃない。

11番　F：昨日はお疲れ様。時差ボケはない？　　　🎧 71-11

　　　M：1. うん〜まだ自覚はないけど…。

　　　　　2. あ、ここに置き忘れてるよ。

　　　　　3. とぼけたことなんか言ってないよ。

12番　F：やっぱりリンゴは丸ごとかじるのが一番よね。　　　🎧 71-12

　　　M：1. ううん、それは三番目でしょう。

　　　　　2. え？ 皮も一緒に食べるって事？

　　　　　3. そうそう、真っ二つにした時が一番美味しい！

13番　M：今回は見逃すけど、今度同じ事をしたら課長に報告するから、いいね？

　　　　　　　　　　　　　　　　　　　　　　　　　　　　　🎧 71-13

　　　F：1. どうか、今回は見逃してください。

　　　　　2. はい、早速報告書を作成します。

　　　　　3. はい、分かりました。申し訳ありませんでした。

14番　F：茉莉ちゃん、彼氏と別れた割りに元気ね。　　　🎧 71-14

　　　M：1. それに比べて君も元気だね。

　　　　　2. 別れた相手もすごく落ち込んでるみたいだよ。

　　　　　3. そういう風に振舞ってるだけだよ。

→ 문제 p.72 🎧 72-01 ·················································

1番　先生の家に招待された学生二人が立ち寄ったケーキ屋で話しています。

F1：愛、今日は先に私がまとめて会計するね。ところで、先生の家ってご家族何人だったっけ？

F2：確か奥さんとお子さん二人とおばあちゃんって言ってたから、先生をいれて5人じゃない？

F1：そっか、じゃぁ、私達も入れて7つでいいか。7つだと切り分けるのが大変だから、ホールケーキよりも一つずつ分かれてるのにする？

F2：でも、皆ケーキが好きかどうか分からなくない？ それに私達の分まで必要かなぁ。ケーキって長くは持たないから、もし余っちゃったら捨てなきゃいけないじゃない。

M ：お客様、お話中、すみません。もし、そういったご心配があるようでしたら、こちらのチーズケーキにされてはいかがですか？ これは加工してあるので1週間は持ちますよ。

F1：あ、美味しそう。それに8等分になってるし良さそうだけど、一種類だけだと逆に嫌いな人は食べられないか…。

M ：それでしたらこちらのビン仕様のプリンはいかがですか？ プリンが嫌いな方はあまりいらっしゃいませんし、高齢の方が召し上がっても喉に詰まることもないですよ。ケーキよりは一個当たりのお値段が高くなってしまいますが…。

F2：あ、平気ですよ。じゃあ、それにします。

🔊 学生二人がお土産を選ぶ際に気にしていないことは何ですか。

1 お土産の値段
2 食べる人の人数
3 消費期限
4 食べる人の嗜好

→ 문제 p.72 🎧 72-02 ..............................................................

2番 演劇関係の人が3人で話しています。

F1： この前うちの娘の保育園の卒業式で劇があったの。「不思議の国のアリス」の劇だったのね。本当のストーリーとちょっと違ったんだけど、素晴らしくって泣いたわ。

F2： 保育園とか学校の劇は児童全員が登場しなきゃいけないから、脚本は原作から大分それるけど、それが逆に「きっとこうなる」っていう固定観念が崩れて面白いわよね。

M ： 日本は出来上がったシナリオのものを、完璧な出来上がりを観に行って観賞するという演劇しか知られてないから、残念だね。

F1： そうね。この前、南アフリカに行った時に見た即興劇はすごく刺激になったわね。

F2： 真ん中に舞台があって4面、レスリング場みたいに観客が入ってる。一幕が終わったら演出家みたいな人が出てきて、「次、どうしますか？」って会場に聞くなんて、日本では見たことなかったわね。

M ： ロシアとかポーランドは幼稚園から演劇の授業があるっていう点では、日本の子供より演劇の楽しみ方っていうのを知ってるんじゃないかな。先生も、シナリオを持ってきて子供に合わせて配役を考えるんじゃなくて、一人一人がやりたい役が出てくる劇を作っちゃうんだって。

F1： 各自が主役になって、役を責任もってこなしていくから、自信もつくし劇の流れとしても展開が豊かになるわね。本当に奥が深いわ。学校って音楽と美術があるのに、何で演劇がないのかしら。

🔊 質問1　3人の演劇に対する考えと合うものはどれですか。
1 日本のプロの演劇にも原作から逸れた面白い作品が出てきた。
2 今の日本では観客が楽しめる演劇の種類が限られていて残念だ。
3 シナリオが決まっておらず、観客に展開を決めさせることは好ましくない。
4 学校では音楽や美術より演劇を優先させるべきだ。

→ 문제 p.73 🎧 73-03 ...........................................................

**3番** ある市でボランティア活動をしている3人が話しています。

M1: 今回のボランティア活動の企画、なかなかいいよね。

F : そうね。それに美術大学出身の私達にぴったり。ここの市は特に話題性がないから美術と関連させて街の景観を変えることで綺麗になれば引っ越してくる人も増えるかもね。

M2: 今回の企画は市長が視察でヨーロッパに行った時、見かけた工事がきっかけだったらしいよ。工事中の建物を覆うカバーがだまし絵になってることが多かったんだって。

M1: ああ！ 確かに。僕も去年フランスに行った時、綺麗な教会があると思ったら、工事中の教会にそっくり、その教会のだまし絵のカバーがかかってたんだ。

F : まあ、今回は工事じゃなくて駅前の放置自転車を防ぐ目的だからカバーじゃないけどね。壁に絵を描くなんて初めてじゃない？ でも、駅前の壁って結構でかかったわね。大変そう。

M2: 俺たちの他にも手伝ってくれる市の職員や美術大学の生徒がいるらしいよ。

M1: それは心強いね。自転車を前に置かないようにさせるのが目的なら、思い切って一階はカフェにしてみる？ 屋根に乗って工事してる人までいたりして…。

🔊 質問1 この3人がこれからやることは何ですか。

🔊 質問2 市が一番の目的としていることは何ですか。

## 問題 1

→ 문제 p.76 🎧 76-01 ..............................................................

1番 食堂の主人と客の女性が話しています。客の女性は何を食べることにしましたか。

M：いらっしゃいませ。

F：こんにちは。今日はどんなメニューがありますか？

M：とんかつ定食、うどん定食、そば定食、焼き魚定食の４つです。

F：何食べようかしら。昨日飲みすぎちゃって脂っこい料理はあんまり口に入らないと思うんですよね。

M：…じゃあ、焼き魚定食ですかね。一番あっさりしていると思いますが。

F：…ちょっと待って。これにします。ご主人が揚げているのみたら食べちゃくなってきちゃいました。

M：分かりました。

🔊 客の女性は何を食べることにしましたか。

→ 문제 p.76 🎧 76-02 ..............................................................

2番 男子学生と女子学生がグラフを見ながら話しています。二人はいつゼミ旅行に行くことに決めましたか。

F：これ見て～。今年の大阪と東京の気温と降水量の予想グラフなんだけど。

M：うわー、今年も夏暑そうだな。夏休みにゼミ旅行に行かなきゃいけないのに。

F：…そうだ、私たちが代表してゼミ旅行にいつ行くか決めろって教授に言われてたの忘れてた。

M：俺たちが？ でも、いつも夏に行ってるだろ？ ７月か８月に。

F：うん、でも、今年からは好きな時期に行ってもいいことになったみたいよ。それならもうちょっと涼しい時に行きたいと思わない？

M：そうだよな。でも、あんまり寒いのも嫌だから春か秋がいいよな。

F：そうね～。あと、試験が１２月と６月にあるからその前の月は外した方がいいわよね。

M：うん、それにゼミ旅行って大体外で動くことが多いから雨が降らない時期に行きたい

な…ということは総合するとこの月かな。

F：そうね。そうしましょう。そうだ。今年は教授が東京に行きたいみたいだから大阪のじゃなくて東京のを見てね。

M：そうなんだ。分かったよ。

🔊 二人はいつゼミ旅行に行くことに決めましたか。

→ 문제 p.77 🎧 77-03 ....................................................

3番 男子学生と女子学生が話しています。男子学生のストレスをなくす方法はどれですか。

F：期末試験も残りあと1教科ね。

M：でも、最後が物理なんて辛いよな。終わりってゆう気が全然しないよ。

F：そう？でも、田中君物理得意って言ってなかった？

M：うん。でも、今回の範囲は苦手なんだ。

F：遺伝？私物理は嫌いだけど、遺伝はおもしろいと思うけど。何か身近に感じるし。

M：そうかな～？あ～とりあえず明日終わってカツ丼食いて～！

F：何でカツ丼？カツ丼って試験の前に食べるんじゃないの？

M：俺は終わった後に試験に勝ったって思いながら食べるのが好きなんだよ。そうすると試験勉強の疲れがとれるような気がするんだ。

F：へぇ～、変わってるね。私は近所のカラオケに行って試験で溜まったストレスをなくしたいわ。

M：俺は逆だな。静かで緑がいっぱいある場所に行って音楽を聞いているとストレスなくなるけどな。

F：わざわざそこまで行って聞く必要があるの？

M：絶対って訳じゃないけど、なくなり具合が全然違うんだよ。

🔊 男子学生のストレスをなくす方法はどれですか。

→ 문제 p.77 🎧 77-04 ....................................................

4番 母親と息子が話しています。息子の買い物袋の中に入っていない物はどれですか。

F：信吾、おかえり。ちゃんとカレーの材料買えた？

M：うん、お母さんが買い物リスト作ってくれたからちゃんと買えたよ。

F：じゃあ、確認してみようかしら。にんじんでしょ。玉ねぎでしょ。あら、何でさつまいもが入ってるの？

M：あっ、さつまいもじゃないの？間違えた？

F：名前が似てるししょうがいないわよ。あとルーはあって肉は…また小さいの買ってきたわね。

M：それが安いって肉売り場のおじちゃんが言うから。

F：まあ、お母さんが買って欲しかったのとは違うけど作れるからいいわ。あと、…あれ？信吾の好きなマッシュルームは？

M：あれ、ない？僕ちゃんと買ったよ。

F：領収書にもかいてあるんだけど…まさか信吾袋に入れ忘れたんじゃない？

M：あ〜！！

🔊 息子の買い物袋の中に入っていない物はどれですか。

➜ 문제 p.78  🎧 78-05 .......................................................................................

5番 男性社員と女性社員が電話で話しています。女性社員はこのあとまず何をしますか。

F：もしもし。

M：もしもし、森岡ですけど。

F：森岡君？どうしたの？

M：先輩、ちょっと今日体調がよくなくて午前中休ませていただきたいんですが。

F：大丈夫なの？分かった。部長に伝えておくわ。

M：ありがとうございます。申し訳ないんですが、会議の資料で訂正しなければならないところがあって、それもお願いしてもいいですか？会議に間に合いそうになくて。

F：分かった。その書類どこにあるの？…って森岡君の席なんでこんなに汚いの？これじゃ見つけられないわよ。

M：すみません…。整理が苦手なもので。

F：まずはここを何とかして資料探すわ。気をつけて来てね。あっ、部長〜…。

🔊 女性社員はこのあとまず何をしますか。

→ 문제 p.78 🎧 78-06 ...................................................

6番 <ruby>姉<rt>あね</rt></ruby>と<ruby>妹<rt>いもうと</rt></ruby>が<ruby>話<rt>はな</rt></ruby>しています。<ruby>二人<rt>ふたり</rt></ruby>はどのレンタカーを<ruby>借<rt>か</rt></ruby>りることにしましたか。

F1：お<ruby>姉<rt>ねえ</rt></ruby>ちゃん〜<ruby>暇<rt>ひま</rt></ruby>だったらドライブでもしない？

F2：<ruby>暇<rt>ひま</rt></ruby>だしいいよ〜。あっ、でもお<ruby>父<rt>とう</rt></ruby>さんが<ruby>釣<rt>つ</rt></ruby>りに<ruby>行<rt>い</rt></ruby>くのに<ruby>車<rt>くるま</rt></ruby>で<ruby>行<rt>い</rt></ruby>ったから<ruby>車<rt>くるま</rt></ruby>ないよ。

F1：じゃあ、レンタカー<ruby>借<rt>か</rt></ruby>りていこうよ。ポストにレンタカーのチラシが<ruby>入<rt>はい</rt></ruby>ってたのよね。はい。

F2：あなた、<ruby>本当<rt>ほんとう</rt></ruby>にドライブ<ruby>好<rt>す</rt></ruby>きね。おっ、これ<ruby>格好<rt>かっこう</rt></ruby>よくない？

F1：こんな<ruby>大<rt>おお</rt></ruby>きいの<ruby>運転<rt>うんてん</rt></ruby>するの<ruby>怖<rt>こわ</rt></ruby>いじゃない。それに<ruby>二人<rt>ふたり</rt></ruby>で<ruby>行<rt>い</rt></ruby>くのにわざわざ<ruby>7人乗<rt>にんの</rt></ruby>りの<ruby>車借<rt>くるまか</rt></ruby>りることないでしょ。<ruby>私<rt>わたし</rt></ruby>はこの<ruby>丸<rt>まる</rt></ruby>い<ruby>形<rt>かたち</rt></ruby>のやつ。かわいくない？

F2：<ruby>私<rt>わたし</rt></ruby>ゆったり<ruby>乗<rt>の</rt></ruby>れる<ruby>車<rt>くるま</rt></ruby>がいいのよね。<ruby>小<rt>ちい</rt></ruby>さい<ruby>車<rt>くるま</rt></ruby>はちょっと。

F1：じゃあ、<ruby>中間<rt>ちゅうかん</rt></ruby>をとってこの<ruby>二<rt>ふた</rt></ruby>つのどっちかだね。<ruby>私<rt>わたし</rt></ruby>は<ruby>白<rt>しろ</rt></ruby>い<ruby>車<rt>くるま</rt></ruby>がかわいいと<ruby>思<rt>おも</rt></ruby>うけど。

F2：う〜ん…この<ruby>二<rt>ふた</rt></ruby>つは<ruby>大<rt>おお</rt></ruby>きさが<ruby>似<rt>に</rt></ruby>てるからあんたの<ruby>好<rt>す</rt></ruby>きなほうにしようか。…ちょっと<ruby>待<rt>ま</rt></ruby>って。ここに<ruby>1<rt></rt></ruby>リットルで<ruby>走<rt>はし</rt></ruby>る<ruby>距離<rt>きょり</rt></ruby>が<ruby>書<rt>か</rt></ruby>かれてる。おっ、<ruby>私<rt>わたし</rt></ruby>が<ruby>気<rt>き</rt></ruby>に<ruby>入<rt>い</rt></ruby>った<ruby>車<rt>くるま</rt></ruby>が<ruby>一番<rt>いちばん</rt></ruby><ruby>距離<rt>きょり</rt></ruby>が<ruby>長<rt>なが</rt></ruby>い！<ruby>今<rt>いま</rt></ruby>ガソリンも<ruby>高<rt>たか</rt></ruby>いしこれにしよう。

F1：そこまで<ruby>遠<rt>とお</rt></ruby>い<ruby>場所<rt>ばしょ</rt></ruby>に<ruby>行<rt>い</rt></ruby>くわけじゃないのにそこまで<ruby>違<rt>ちが</rt></ruby>うのかな…。

F2：<ruby>何<rt>なん</rt></ruby>か<ruby>言<rt>い</rt></ruby>った？

F1：いえ、お<ruby>姉<rt>ねえ</rt></ruby>ちゃんの<ruby>言<rt>い</rt></ruby>う<ruby>通<rt>とお</rt></ruby>りにします。

🔊 <ruby>二人<rt>ふたり</rt></ruby>はどのレンタカーを<ruby>借<rt>か</rt></ruby>りることにしましたか。

## 問題2

→ 문제 p.79 🎧 79-01 ...................................................

1番 <ruby>先生<rt>せんせい</rt></ruby>と<ruby>生徒<rt>せいと</rt></ruby>が<ruby>話<rt>はな</rt></ruby>しています。この<ruby>生徒<rt>せいと</rt></ruby>が<ruby>退学<rt>たいがく</rt></ruby>する<ruby>理由<rt>りゆう</rt></ruby>は<ruby>何<rt>なん</rt></ruby>ですか。

M：<ruby>先生<rt>せんせい</rt></ruby>、ちょっと<ruby>相談<rt>そうだん</rt></ruby>したいことがあるんですけど。

F：どうしたの？<ruby>岡山君<rt>おかやまくん</rt></ruby>。

M：<ruby>今月<rt>こんげつ</rt></ruby>いっぱいで<ruby>学校<rt>がっこう</rt></ruby>を<ruby>辞<rt>や</rt></ruby>めたいんです。

F：えっ！どうして<ruby>急<rt>きゅう</rt></ruby>に？お<ruby>家<rt>うち</rt></ruby>で<ruby>何<rt>なに</rt></ruby>かあったの？

M：まー…<ruby>父<rt>ちち</rt></ruby>の<ruby>会社<rt>かいしゃ</rt></ruby>の<ruby>経営<rt>けいえい</rt></ruby>が<ruby>悪化<rt>あっか</rt></ruby>して<ruby>学費<rt>がくひ</rt></ruby>を<ruby>払<rt>はら</rt></ruby>うのが<ruby>難<rt>むずか</rt></ruby>しくなったことは<ruby>事実<rt>じじつ</rt></ruby>なんです

けど…。

F：うちの学校奨学金制度があるから申し込めば何とかなるんじゃない？

M：はぁ。でもそれが直接の理由ではないんです。

F：じゃあ何？ 引っ越しでもするの？

M：いえ、実は父を助けるために母が働くことにしたんですが、たまたまうちの高校で来月から教師として働くことになって…。

F：そうだったの…。それは仕方がないわね。

M：ええ。でも友だちも特にいなかったからクラスもおもしろくなかったし、丁度良かったんです。今までありがとうございました。

🔊 この生徒が退学する理由は何ですか。

→ 문제 p.79 🎧 79-02 ⋯⋯⋯⋯⋯⋯⋯⋯⋯⋯⋯⋯⋯⋯⋯⋯⋯⋯⋯⋯⋯⋯⋯⋯⋯⋯

2番 教授が授業で話しています。この教授は前頭前野はどういうものだと言っていますか。

M：脳を健康に保ったり、脳を元気に発達させるためには、どうしたらよいでしょうか。脳も身体の一部です。身体の筋肉でしたら、毎日運動をして鍛えればよいとすぐに気付くと思います。実は脳もまったく同じなんです。脳をたくさん活発に働かせることで、元気で健康な脳を作ることができます。脳は、大きな一つの塊ではなく、異なった機能を持ついくつかの領域に分かれています。その中の一つに、額のすぐ後ろ、脳の前の方にある前頭前野と呼ばれる場所があります。前頭前野は、記憶や感情、行動の抑制など、さまざまな精神活動の軸となっている、脳の中の脳とも呼ばれている重要な場所です。実は、脳を健康に保ち、元気に発達させるためには、この前頭前野を常に刺激し、活発にさせることが一番大切なことなのです。

🔊 この教授は前頭前野はどういうものだと言っていますか。

→ 문제 p.80 🎧 80-03 ⋯⋯⋯⋯⋯⋯⋯⋯⋯⋯⋯⋯⋯⋯⋯⋯⋯⋯⋯⋯⋯⋯⋯⋯⋯⋯⋯

3番 夫婦がドラマを見ながら話しています。妻はなぜドラマがおもしろくないと言っていますか。

M：このドラマ本当におもしろいな。

F：そ〜お？ 何か内容が暗いじゃない。主人公は毎回不幸な目に遭ってるし。

M：でも、そんな中でも主人公が強くたくましく生きているところに感動するじゃないか。それに最後まで主人公が不幸なわけじゃないから最後はいつも暗くないだろ。

F：それは確かにそうだけど…。でも私はもう少し日常と近いドラマが好きなのよね。こんな状況って普通に生活してるとないじゃない。私、そうゆうのに感情を入れづらいのよね。だからあまりおもしろいって思わないのかも…。

M：そうかな〜。ドラマでしか作れないような内容でおもしろいと思うけど。実際の生活と近すぎるドラマばっかりあってもおもしろくないだろ。

F：じゃあ、楽しんでみてちょうだい。私は二階で違うの見てくるわ。

🔊 妻はなぜドラマがおもしろくないと言っていますか。

➡ 문제 p.80 🎧 80-04

**4番** 父と娘が話しています。娘は今、誰と誰がけんかしていると言っていますか。

M：今誰かが叫ぶ声がしたぞ！ 何かあったのか？

F：違うわよ、お父さん。隣の家の人達がまたやってるのよ。

M：またか…。隣の家の人達は何であんなに仲が悪いんだ？ 会うとそんな風には見えないのに。

F：うん。でもみんなあんまり仲良くないみたいよ。

M：何で分かるんだ？

F：だって毎回聞こえてくる声が違うんだもん。この前は父親と息子がけんかしてるのが聞こえたし、昨日の午前中は母親と息子だったでしょ。で、夜は母親と娘。

M：昨日二回もけんかしてたのか？ 本当に迷惑な家族だな。

F：うん。でも今のは昨日よりもうるさいよ。やっぱり若いエネルギーがぶつかり合うと大変なことになるんだね。

M：本当だな。

🔊 娘は今、誰と誰がけんかしていると言っていますか。

→ 문제 p.80 🎧 80-05 ..................................................................................

5番　上司と部下が話しています。部下はなぜ妻が怖いと言っていますか。

M1：山本さん。結婚おめでとうございます。

M2：お～、ありがとう。俺もやっと結婚できたよ。田上はずいぶん前に結婚したよな。

M1：ええ、7年前に。昔はうちの妻も大人しくてかわいらしい女性だったんですけどね。

M2：どうした？何か不満でもあるのか？

M1：結婚したばかりの山本さんに言っていいのか分かりませんが、奥さんがずっと結婚した時の姿だとは思わないほうがいいですよ。

M2：というと？

M1：うちの妻もだいぶ変わりましたから。今では怖くて頭が上がりませんよ。

M2：どうしてそんなに怖がってるんだ？あ～怒ると怖いからか？

M1：怒ったら手は出してくるし、なかなか機嫌直してくれないし、もう怖いとかいう問題じゃないですよ。でも力は僕のほうが強いですし、カバンひとつ買ってやると機嫌が直るときもあるのでいいんです。それよりも僕の少しの違いにすぐ気付くのがちょっと。僕の変化に気付くと妻の話し方が変わるんです。ちょっととげがあるというか…。むやみに行動はできないなって。

M1：そうか～。それは大変そうだな。俺も気をつけるようにするよ。

🔊 部下はなぜ妻が怖いと言っていますか。

→ 문제 p.81 🎧 81-06 ..................................................................................

6番　産婦人科の先生が話しています。この先生は子供が火傷をした後の対処はどうすればいいと言っていますか。

M：今日は子供が火傷をした場合の処置についてお話したいと思います。子供は皮膚が薄いですし、火傷範囲が広いとショック状態になってしまい、命の危険にもなりかねません。そのためにも子供が火傷を負った場合、水で冷やすことがいいと思われがちですが、周囲の人達だけで判断するのでは危険ですので、病院で治療してもらいましょう。そして火傷になる可能性のあるものから子供を近寄らせないようにし

ましょう。しかし、子供たちはそうおとなしくはしていないでしょうからストーブなどは触れないように柵をしておくのもいい方法だと思います。寒い冬にはつい子供に電気毛布やカイロを与えたくなりますが、これらも火傷の原因になるものなので十分な注意が必要です。

🔊 この先生は子供が火傷をした後の対処はどうすればいいと言っていますか。

→ 문제 p.81 🎧 81-07 ·······························································

7番 天気予報士がテレビで話しています。天気予報士は雪の結晶はどういうものだと言っていますか。

M：雪はちり、ほこりなどを核として、大気中の水蒸気が凍って氷の結晶になることによってできます。氷の結晶にさらに水蒸気が凍ってくっついて成長し雪の結晶が出来上がります。この雪の結晶が地上に落ちてくる途中で水滴になったものは雨となりますが、溶けずにそのまま落ちてきたものは雪となります。雪と似たものにあられがあります。あられとは、雪の中を落ちてきた雪の結晶が、下からの上昇気流に押し上げられて、また落下するということを何度も繰り返しているうちに、沢山の水の粒が凍りついた2〜5ミリほどの氷の塊をいいます。

🔊 天気予報士は雪の結晶はどういうものだと言っていますか。

## 問題3

→ 문제 p.82 🎧 82-01 ·······························································

1番 教授が講義で話しています。

M：垢とは皮膚の一番上の角層が古くなって剥がれ落ちたものです。人間を含む生物は、細胞分裂を繰り返し、常に新しいものを体の中で作っています。垢は皮膚の最終段階です。汗や脂や埃がミックスされて消しゴムのかすのようになったり、パイのかすのようになったりするので、形も色も違います。一般的な垢というと次の3つが挙げられます。まずはフケです。これは頭の皮にできる垢で、常に再生を繰り返します。続いて、爪の垢です。爪も皮膚の一部なので爪の根元には爪を作る細胞がいます。最後は耳垢です。これも耳の中の古くなった角質が外に出されたものです。垢とは汚いものと考え、全部取ってしまおうとする人も多いのですが、垢を取

りすぎるのもバリア機能の低下や防御力の低下を招くのでよくありません。みなさん、垢の取りすぎには注意してください。

🔊 教授が話している内容と合っているものはどれですか。
1. 爪は皮膚に含まれない。
2. 垢は人間にとって不必要なものだ。
3. 耳垢だけが常に再生を繰り返す。
4. 垢は人間の体を守る役割をしてくれる。

➔ 문제 p.82 🎧 82-02

2番　カウンセラーがテレビで話しています。

M：今日は意図的気分転換について説明したいと思います。意図的気分転換とは気分が悪くなったら早めに気づいて、気分を変えるように心がける行為です。方法としては深呼吸をしてみたり軽い体操をすることもよいでしょうし、お茶を飲んだりトイレに行ったりなどちょっとしたことでいいのです。意図的気分転換のポイントはいくつかありますが、すぐにできる簡単な方法で少し気分をよくしてその時にやることに取り組むことなのです。また考え方を変えることも重要なポイントの一つです。何か心配な事がある時には「なるようになる」、不安になったら「大丈夫、大丈夫」と、心の中で自分に言い聞かすことで少しは気分転換になるでしょう。

🔊 カウンセラーが話していない内容はどれですか。
1. 意図的気分転換のポイント
2. 意図的気分転換の方法
3. 意図的気分転換の説明
4. 意図的気分転換の重要性

➔ 문제 p.82 🎧 82-03

3番　女子学生が発表をしています。

F：私は街の20代と30代の人に「あなたにとって生き甲斐とは何ですか」というアンケート調査をしてきました。これに対して60パーセント以上の人が「分からな

い」とか「今、探している」と答えています。詳しく聞いてみると20代の学生は目標の大学に見事合格してもいざ入学すると、時々何のために勉強しているのだろうかと思うと言っており、30代の会社員も毎日同じ事を繰り返していると、心の張りが無くなり、ただ毎日仕事に追われて一日が終わると言っていました。この調査をして日常生活の中で自分のしていることに意味や生き甲斐を見つけるのは簡単なことではないんだなと思いました。

🔊 女子学生はどう考えていますか。
1. 生き甲斐を見つけると心の張りが出てくるものだ。
2. 同じ生活の中で生き甲斐を見けることは大変なことだ。
3. 20代や30代で生き甲斐を見つけることは容易ではない。
4. 毎日の生活の中で生き甲斐を見つけることは容易だ。

➡ 문제 p.82 🎧 82-04 ·····································

4番 料理評論家が話しています。

M：最近、味噌には人の健康を維持する上で様々な効果があることが、数多くの研究で分かってきました。今日はその味噌の効果について詳しく説明していきたいと思います。まずは、癌の予防効果です。味噌には、癌を引き起こす物質の力を失わせる効果があります。これは味噌を長い間置いておく間に作られる物質が関係しています。次に皮膚の衰えを防止する効果です。皮膚を衰えさせる一番の原因と言われているのが活性酸素と言うものです。味噌の成分の中には活性酸素から細胞を守る作用があるので、皮膚の衰えを防止してくれます。最後は肌を白くする効果です。肌の色を濃くするメラニンという物質の働きを弱める成分が味噌の中に含まれています。この成分は皮膚細胞を傷つけることがないため良い美白法としても注目されています。

🔊 味噌の効果として当てはまらないものはどれですか。
1. 皮膚の衰えを防止する効果
2. 活性酸素から皮膚を守る効果
3. 癌を予防する効果
4. 皮膚を傷つける物質の働きを弱める効果

→ 문제 p.82 🎧 82-05

5番　眼科の先生が話しています。

M：目は体の中でも非常に大切な場所です。そのために目の健康管理に気を使うことも大切です。目を疲れさせないためには正しい姿勢で勉強や読書をすることが大事です。その際は目と本の距離が30センチほどになるように離して見るようにしてください。また勉強や読書を1時間したら、10分間くらい目を休ませるようにしましょう。本を寝転んで読むことも目に負担をかけることになるのでやめましょう。最近の人々は仕事などでパソコンを長時間見なければならない状況にあります。そこで家にいる間だけでも少しの時間でも構わないので運動や散歩などして遠くを見る習慣をつけるようにしましょう。これだけでも目への負担はだいぶ減ります。

🔊 この先生は何について話していますか。
　　1．目が疲れやすくなる状況
　　2．目が疲れないための方法
　　3．目が疲れたときの対処法
　　4．目が疲れやすい姿勢

→ 문제 p.82 🎧 82-06

6番　就職セミナーの主催者が話しています。

M：私は自尊心の高い人は低い人よりも魅力があると思います。自尊心とは自分で自分を評価した価値です。大きな価値を与える人は、それが自然と現れ、周囲は一般人ではなく特別な存在として考えるようになるのです。では、自尊心を高めるにはどうすればいいのか。それは自分の夢や目標に向かって動き続け、実現するまで諦めないことです。自尊心を高めることは形のないものを育てるようなものなので難しいと思う人も多いかもしれませんが、実践してみれば何か変化が現れてくるはずです。

🔊 主催者が話している内容と合っているものはどれですか。
　　1．自尊心は実践を通して高めることができる。
　　2．自尊心が高い人のみが特別な存在として扱われる。
　　3．何かを目指すことは自尊心を高めることに繋がる。
　　4．自分自身に価値があると分かった時点で自尊心が生まれる。

## 問題4

→ 문제 p.83  🎧 83-01~14

1番　M：今回の試合、判定負けしちゃったんだ。　　　🎧 83-01

　　　F：1. 前は勝ったからしょうがないよ。

　　　　　2. 何でもっとはっきり言わなかったの？

　　　　　3. 私が審判だったらね～。

2番　F：うち、新築の家に引っ越すことになったの。　　🎧 83-02

　　　M：1. 手伝いにはいかないよ。

　　　　　2. 安かったんじゃない？

　　　　　3. 災害の時心配だね。

3番　M：今日も頑張るぞー！　　　　　　　　　　　　🎧 83-03

　　　F：1. もう少し張り切れないの？

　　　　　2. はいはい、ありがとう。

　　　　　3. 相変わらずパワー全快ね。

4番　F：どうしたの？ ずぶぬれじゃない。　　　　　　🎧 83-04

　　　M：1. 面接で緊張しすぎちゃってね。

　　　　　2. ジムで泳いできたからさ。

　　　　　3. 車に水をかけられちゃってさ。

5番　M：この機械、精巧に作られてるよな。　　　　　🎧 83-05

　　　F：1. うん、5回目でやっとね。

　　　　　2. 完成まで時間かかっただろうね。

　　　　　3. 努力した甲斐もないわね。

6番　F：ストローがせっかくついてるんだから使えば？　🎧 83-06

　　　M：1. だってこれ使うと飲みづらいんだもん。

　　　　　2. だってこれ使うと食べづらいんだん。

　　　　　3. だってこれ使うと噛みづらいんだもん。

7番　M：時間がないからってそんなに急かすなよ。　🎧 83-07

　　　F：1．だって時計が壊れちゃったんだもん。
　　　　　2．だって最終電車逃しそうなんだもん。
　　　　　3．だって明日から連休なんだもん。

8番　F：明日から東西デパートが春のセールをするんだって。　🎧 83-08

　　　M：1．じゃあ、銀行からお金を送らないとね。
　　　　　2．じゃあ、銀行でお金を下ろさないとね。
　　　　　3．じゃあ、銀行にお金を入れないとね。

9番　M：始発に乗り遅れちゃったよ。　🎧 83-09

　　　F：1．次の機会を逃がすなよ。
　　　　　2．次が最後だ。
　　　　　3．次のを待てば？

10番　F：もう少し私に辛抱強さがあればな〜。　🎧 83-10

　　　M：1．君、なかなか泣かないもんな。
　　　　　2．十分だと思うけど。
　　　　　3．何かの大会にでも出るの？

11番　M：何で短大に行くことにしたんだ？　🎧 83-11

　　　F：1．早く入学したいからよ。
　　　　　2．早く働きたいからよ。
　　　　　3．早く勉強したいからよ。

12番　F：その性格誰に似たの？　🎧 83-12

　　　M：1．目はお父さんかな〜。
　　　　　2．分かってるくせに〜。
　　　　　3．そんなに似てません。

13番　M：てのひらに顔が描いてあるけど、どうしたの？　🎧 83-13

　　　F：1．ページごとに描いていくとおもしろいかなと思って。
　　　　　2．明日授業に必要なものを忘れないように書いたのよ。
　　　　　3．寝てる間に横の席の友達に描かれたの。

14番　F：ちょっと～人の家にしょっちゅう来ないでよ。　🎧 83-14

　　　M：1．誰かと勘違いしてない？
　　　　　2．これから行くつもりだったんだ。
　　　　　3．君の家じゃないじゃん。

## 問題5

→ 문제 p.84　🎧 84-01 ·····························································

1番　家で父親と母親と息子の3人がペットについて話し合っています。

F1：まさくん、次のお誕生日は何がほしい？

M1：犬！ 犬がほしい！

M2：正輝、お前この前動物園行った時、怖い怖いって言って馬もウサギも触れなかっ
　　たのに、そんなんで犬なんか飼えるわけないだろう。

M1：大丈夫だよ！ウサギは噛むから触れないけど、犬は噛まないから触れるよ！

F1：まさくん、犬だって噛む時ってあるんだよ。それに世話もしなくちゃいけないの
　　よ。

M1：世話はちゃんと出来るよ。それにエリちゃん家のグッチは噛まないもん。だから
　　犬は噛まないんだよ。

M2：エリちゃんって？

F1：幼稚園で同じクラスの子なんだけど。

M2：そっか、正輝はその子の家で犬を見てほしくなったのか。

M1：グッチ、凄いんだよ！ 座れって言ったら座るしね、僕と握手もしたんだよ。あと
　　ね、エリちゃん家にはね、チッチとタッチとミッチーもいるんだよ！

M2：エリちゃん家は4匹も犬を飼ってるのか？ 凄いな！

M1：ううん、タッチとミッチーは鳥だよ。でね、チッチはグッチのお母さんだよ。

M2：そうか、そうか。分かった、正輝。じゃあ、次の日曜日動物園に行こう。

M1：何で？

M2：犬がみんなグッチみたいだとは限らないぞ。動物園に行って正輝がちゃんと動物に触れたら犬を飼おう。触れなかった飼わない。分かったか？

M1：わかったぁ。

🔊 チッチは何の動物ですか。

1 犬　　　　　2 ウサギ

3 猫　　　　　4 鳥

➡ 문제 p.84　🎧 84-02 ·······························································

2番　大学の食堂で女子学生二人と男子学生一人がバレンタインのチョコについて話しています。

F1：凄〜い。これもすっごい美味しそう。さすが有名ブランドチョコ！

F2：本当〜駄目だ、駄目だ、選んでると自分が食べたくなってきた。

M ：二人とも何見てんの？

F1：あっ、タカシ、講義終ったの？随分遅かったね、私達先にお昼食べちゃったよ。

M ：いいよ、いいよ。何かさっきの教室、時計が壊れてたんだよ。先生がそれに全く気が付かなくってさ、さっきやっと終って、腹減りすぎてカレーとカツ丼頼んじゃったよ。

F1：ええ?! ご飯ものにご飯ものって、そんなに食べられるの？

M ：えっ、何で？ 全然食べられるっしょ？ っで、二人して何見てんの？

F2：駅前で配ってた雑誌なんだけどさ、バレンタインのチョコ特集があって見てたの。

F1：あっ！ これも美味しそう！ 見て見て！ この生チョコボール。絶対美味しい！ 絶っっ対！ ああ食べたい。

M ：おいおい、バレンタインのチョコだろ？ 自分で食べるんじゃなくて人にやるもんだろ？

F2：そうなんだけどさ、見てるとだんだんと自分が食べたくなっちゃうんだ。それで毎年、あげるのとは別に自分にも買っちゃうんだよね。

F1：ああ、このハートの形のチョコケーキも美味しそう。外は硬いチョコで、中はチ

ョコスポンジにチョコクリームが入ってるんだって。これにしよっかな?

M　：ええ?　なんだ、それ甘っ!　俺だったらぁそんな甘そうなのよりぃ…っこれ!　修理用工具型チョコ!　凄いなこれ、本当にチョコか?　凄くリアルだな?　あの教室の時計も直せそう。

F1：何それ、5千円じゃない?!　高っ!　無理無理。そんなの絶対買わないわよ。タカシにはもう買ってあるんだ。はい、これあげる。

M　：ありがとう、ってこれ5円チョコじゃんか?!　酷いなぁ、友達だと思ってたのに。

F2：嘘嘘、それはさっきおやつで買ったのよ。バレンタインには二人でちゃんとしたの買ってあげるよ。まぁでも義理チョコだから、期待はしないでよ。

🔊 男子学生がもらうことが出来たチョコはどれですか。
　　1　ハート型のチョコケーキ
　　2　リアルな修理用工具型チョコ
　　3　おやつで買った5円チョコ
　　4　生チョコボール

➜ 문제 p.85　🎧 85-03 ･･････････････････････････････････････････････････

3番　喫茶店で女性二人と男性店員一人ドラマについて話しています。

F1：ねぇ、見た?　昨日の特別ドラマ。

M　：ああ、昨日のやつですか?　見ましたよ。僕、あの原作の漫画が好きなんです。

F2：何?　私見てない。面白いの、それ?

M　：僕はやっぱり原作の方が好きですけど、ドラマも原作ほどではなくても面白く見れましたよ。よく原作からかなり外れたドラマってあるじゃないですか?　そんな感じにはなってなかったな。

F1：私は漫画の方は絵が好きじゃなくて見てないけど、普通は主人公が正義って感じが多いじゃない?　でもね、これは違うの。なんたって犯人が主人公なんだから?

F2：ええ?　犯人が主人公なの?

M　：そうなんですよ。それがこの話の面白いところでね、主人公が犯人で物語が犯人目線で進むんですよ。またその犯人が可哀相な境遇で育っていて、見ているほう

はだんだん犯人に感情移入しちゃうんです。

F1： 私もそうなった。切なくなったり、時には持っちゃいけない気持ちまで沸いてきたり。凄く考えさせられるドラマだった。

F2： そんなに良かったんだ。私も見ればよかったなぁ。ドラマの再放送とかないのかな？

M ： あるんじゃないですか？ でも、いつになるかは分からないですし、良かったら僕が持ってる漫画お貸ししましょうか？

F2： え？ いいの？ じゃあ、そうさせてもらおうかな。

M ： じゃあ、とりあえず5巻づつお貸ししますね。

F2： ありがとう、それ何巻まであるの？

M2： 45巻までです

F2： ええっ?! 45巻もあるの？ 私やっぱりドラマの再放送を待つことにする。

🔊 質問1 特別ドラマと関係のない内容はどれですか。

🔊 質問2 どうして女性はドラマの再放送を待つことにしたのですか。

## 問題1

➜ 문제 p.88 🎧 88-01 ...........................................................

1番 日本で結婚する外国人同士がインターネットで調べながら話しています。日本の役所に婚姻届を出すために、二人が最初にすることは何ですか。

F：エリック、私達、区役所の窓口に婚姻届を出しに行けばいいのかしら。

M：うん、基本的にはそうだと思うけど、待ってね…何々、うーん、日本人は戸籍の写しがあればいいらしいけど、俺達の国は戸籍なんかないからなぁ。

F：他の証明書が必要だって書いてあるわね。本国の大使など権限を持っている人が、本国の法律上、結婚する条件があることを証明する書面ですって。

M：っていうことは大使館に行ってから区役所に行けばいいのか。

F：ちょっと待って、続きがあるわ。外国語で書かれた書類を提出する際には、その全てに日本語の訳をつけ、誰が翻訳したのかを記入しておかなくちゃいけないって。

M：フランス語から日本語か。あー、それじゃ、翻訳会社を調べないとなぁ。面倒だ。

F：外国なんだから仕方ないわ。大丈夫、翻訳なら私の友達が必要なら結婚祝いにタダでやってくれるって言ってたわ。誰が翻訳してもいいらしいじゃない。

M：じゃあ、書類が出来たら頼もう。

🔊 日本の役所に婚姻届を出すために、二人が最初にすることは何ですか。

➜ 문제 p.88 🎧 88-02 ...........................................................

2番 ブックデザイナーとアシスタントが話しています。デザイナーが一番初めに完成させなければいけない本はどれですか。

M：マキちゃん、先月からやってる国語辞典、今日中に終わらせるよ。

F：はい！ でも先生、締め切りが今日中のがもう一つあるんですが。

M：真田ひろ子の小説かい？ あれは来週の今日じゃなかった？

F：私もそう思ってたんですが、一昨日、担当編集者から連絡があって、書店へ収める日が三日早まったみたいなんです。

M：えっ？ 君が一昨日早まったって言ってたのは、小栗ジョーの写真集だったぞ。

F：ちょっと確かめます。

M：どっちにしても今日両方完成させるのは無理だから、今すぐなんとかお願いして締め切り日を遅らせてもらってくれ。

F：はい、分かりました！　あ、それから仕上がったばかりの戯曲集、届いてます！

🔊 デザイナーが一番初めに完成させなければいけない本はどれですか。

➡ 문제 p.89 🎧 89-03 ⋯⋯⋯⋯⋯⋯⋯⋯⋯⋯⋯⋯⋯⋯⋯

3番　子供サッカークラブの保護者の男性が二人で話しています。二人はどの方法で子供達を試合会場まで連れて行きますか。

M1：佐々木さん、どうやって2人で12人の子供を連れて行くのがいいですかね。電車が一番便利そうですね、渋滞もないし。

M2：うーん、でも乗り換えもありますし、途中で迷子が出るかもしれないし、ちょっと不安ですね。

M1：うちの車で行ってもいいですけど、5人乗りなので全員は無理ですね。佐々木さんの所は車、お持ちですか？

M2：うちも5人乗りなんですよー。私達も含めると14人なので4人乗れないですね。

M1：大人数用のレンタカーにしますか？　ちょっとお金はかかりますけれど。

M2：サッカークラブがあまりいい顔しないんじゃないですか。かといって私達が出すのもおかしいし。バスは…ああ、ちょっと会場に近い線がありませんね。

M1：あ、ちょっと待ってくださいね。今妻が教えてくれたんですけど、法律では12歳未満の子供は大人の3分の2に相当するそうですよ。

M2：5人乗りの車なら私達を除いて4席だから、各車6人まで乗れるわけか。そうしましょう。

🔊 二人はどの方法で子供達を試合会場まで連れて行きますか。

➡ 문제 p.89 🎧 89-04 ⋯⋯⋯⋯⋯⋯⋯⋯⋯⋯⋯⋯⋯⋯⋯

4番　留学中の男子学生と女子学生が話しています。二人はこの後、最初に何をしますか。

F：ちょっと！　大城君、どうしたの？　どこか怪我したの！？

M：う…うん、サッカーしてて足を怪我したみたいなんだ。動けないよ。悪いんだけど、ちょっとカバンから携帯出してくれる？ 俺の友達でこういうのに詳しい奴がいるんだ。電話してみるよ。

F：素人判断は危険だって言うじゃない。すぐ病院に行ったほうがいいわ。私が一緒に行くから。

M：ちょっと待って。おれ、今十分なお金ないんだ。病院に行くなら銀行で下ろさないと。

F：え？ でも大城君、留学保険に入ってるでしょ？ あれって無料で病院にかかれるんじゃないの？

M：違うみたい。保険会社と提携してるところはすぐに無料で治療してもらえるけど、そうじゃないところは一度患者が病院で治療費を支払ってから後で保険会社に請求するんだって。

F：えーそうなんだ。じゃあ先に保険会社と提携してる病院が近くにないか電話で確認した方がいいんじゃない？

M：そうだね、それから病院にいくなり銀行に行なりした方がいいか。

🔊 二人はこの後、最初に何をしますか。

→ 문제 p.90 🎧 90-05 ⋯⋯⋯⋯⋯⋯⋯⋯⋯⋯⋯⋯⋯⋯⋯⋯⋯⋯⋯⋯⋯⋯⋯⋯⋯⋯

5番 ホテルの従業員と上司が話しています。この後、従業員はまず何をしなければなりませんか。

F1：吉川さん、ちょっといいかしら。

F2：はい、水野キャプテン、何でしょうか？

F1：今10分くらい私がフロントにいてあげるから化粧室に行って少しお化粧してきなさい。

F2：えっどうしてですか？

F1：吉川さん美人だし、お化粧しなくても綺麗だわ。でも、今日あなた少し顔色悪いじゃない。お客様に不安を与えないの。今応対していたお客様も心配そうに見ていたと思わない？

F2：確かにそうですね。でも私、普段お化粧しないので今口紅くらいしか持ってません。

F1：今は口紅だけでも少しごまかせるからそれでいいわ。休み時間にホテルの隣のコンビニで簡単に顔色がカバーできる化粧品でも買ってきなさい。

F2：はい。

F1：あっ！ それからその靴、だいぶ擦れて色が落ちてるじゃない。今事務の人に言って新しい靴を注文するから、それが来たら新しいのにしなさいね。

F2：分かりました。

🔊 この後、従業員はまず何をしなければなりませんか。

→ 문제 p.90 🎧 90-06 ........................................................

**6番** 男の人が友達に相談しています。男の人はどの方法で彼女にプロポーズしますか。

M：みっちゃん、俺そろそろ由紀にプロポーズしようと思うんだけど、どうするのがいいかな。無難に高級レストランでやってもいいんだけど、普通すぎるかなと思って。

F：う～ん、別にいいんじゃない。ちょっと特別な演出したいなら渋谷の交差点みたいな大画面に「結婚してくれ」って表示してもらうサービスもあるみたいよ。でも人気で3ヶ月は待つみたい。

M：ドラマみたいだね。ちょっと恥ずかしいけど、喜んでもらえるならやろうかな。

F：ちなみに私は飛行機で仕事中に機内放送でプロポーズされてびっくりしたけど、感動したわ。

M：そっか、みっちゃんの旦那さん、飛行機のパイロットだったもんね。あー、それも格好いいなあ。

F：でも実はあの時、由紀も同じ便で一緒に仕事してたから、同じことすると感動が薄れるかも。

M：そうだよなぁ。俺は昔、ラジオで彼女に告白してOKもらったんだ。録音もできるし、個人的にはそれが一番いいかなって思ってるんだけど。

F：でも、由紀はラジオ聴かないわよ。普段と余り違いすぎると怪しまれるんじゃない？

M：だよね…大画面は格好いいけど、俺は3ヵ月も待てないし。

F：普通な方がまさかプロポーズされると思ってないからその分驚きも大きいわよ、きっと。

M：そうだね、そうしよう。

🔊 男の人はどの方法で彼女にプロポーズしますか。

## 問題2

→ 문제 p.91 🎧 91-01 ·····································································

1番 女の人と男の人が話しています。女の人はなぜフィンランドのレストランで無闇に日本語を話さないほうがいいと言ったのですか。

F：谷口君、今度友達とフィンランドに行くんだって？

M：うん。林さん確かこの前、旅行に行ってきたんだったよね？

F：ええ。アドバイスだけど、特にレストランでは大きな声で日本語を話さないように気をつけて。

M：え？日本人だって分かったら高いメニューしか出さないとか、そういうこと？

F：あはは、違うわ。それがね、私達、ちょっと長い旅だったから久々に「お寿司食べたいね～」とか「お寿司の具だったらカニが美味しい」とか、話してたの。

M：それで？でも日本語が分かる人なんてあまりいないでしょ？

F：ところがね、注文してもいないのにしばらくしたらウサギ料理が出てきたのよ。

M：ウサギ?!

F：そう。フィンランドじゃ「カニ」がウサギ、「スシ」が狼、「シカ」が豚の意味なんですって。日本語と似たような発音だから間違われたのよ。

M：へー、それはそれで面白い体験だけど…。気をつけようっと。いい情報、ありがとう。

🔊 女の人はなぜフィンランドのレストランで無闇に日本語を話さないほうがいいと言ったのですか。

→ 문제 p.91 🎧 91-02 ·····································································

2番 息子が父親と話しています。日本の多くの城に松が植えられている理由は何ですか。

M1：お父さん、連れてきてもらったお城ってここで10箇所目だけど、どうして日本のお城はいつも敷地に松があるの？

M2：おっ、いいことに気が付いたな。能や歌舞伎にも使われるし、観賞用にも売られてるから日本を代表する木なのは間違いないだろうな。でもそれは主な理由じゃないんだ。

M1：この前理科の時間に松は防風林になるって先生が言ってたけど、お城には必要ないでしょ？

M2：そう。そもそもお城は軍事的な目的もあるだろう？ だから敵が攻めてきて、長い間戦争が続いたとしたら何が必要か考えてみるといい。

M1：う〜ん。戦争かぁ。武器…薬…食べものや飲み物が沢山必要かな。

M2：尚志、お前意外と賢いなぁ。 松は燃えやすいから燃料にもなるし、血を止める効果もあるんだ。それに信じられないかもしれないけど、松の皮を加工して餅としても食べたんだ。

M1：へぇー、じゃあ、松の木って用途が沢山あって便利なんだね。僕はてっきり、よく松竹梅はおめでたい植物だって言うからお殿様が好んで植えたんだと思ってた。

M2：まぁな、若さと不老、長寿の象徴だからな。

🔊 日本の多くの城に松が植えられている理由は何ですか。

➜ 문제 p.92 🎧 92-03 ....................................................................

3番 学生が二人で話しています。女子学生はなぜ機嫌が悪いのですか。

M：岩崎、おはよう。昨日は先に帰ってごめん。あの後一人で原稿考えるの大変だったろ？

F：別に…。30分くらいで済んだし。

M：でも、機嫌悪そうだな。本当にごめん。今度食事でもおごるから。

F：違うの。さっきね、バスを待ってたら後から来た人が私の前に並んでた人と知り合いだったみたいで、私に断りもせずに割り込んだのよ。しかもそのせいで座れなかったし。

M：俺もこの前似たようなことあったよ。マナーがなってない若い人もたくさんいるけど意外と中年も多くないか？

F：そうなのよ！ よく「今の若い人は」って私達の年代が悪く言われるけど、そう言ってる年代の人こそ失礼な行動が多いじゃない。三矢君、まさかあなたはそんなことし

ないでしょうね！

M：俺?! おいおい、岩崎、勘弁してくれよ。

🔊 女子学生はなぜ機嫌が悪いのですか。

→ 문제 p.92 🎧 92-04 ..........................................................

4番 お母さんと小学生の娘が話しています。お母さんはなぜ驚いたのですか。

F1：ねえねえ、お母さん知ってた?! 南アフリカの首都って３つあるんだよ！

F2：えー！ 本当に？ お母さん初めて聞いたわ！ 首都ってヨハネスブルクじゃない
の？

F1：違うよ。その３つの首都の名前はプレトリア、ケープタウン、ブルームフォンテ
ーンだよ。

F2：…のり子、最近どうしたの?!

F1：どういう意味？

F2：この前、吉田先生と話した時凄く驚いてらしたけど、急に勉強に熱が入りだした
って。

F1：えー何それ。別にどこも変じゃないよ。私だって興味のあることくらい一生懸命
やるもん！

F2：お母さん、先生のおっしゃってたことが信じられなかったんだけど、今納得した
わ。

🔊 お母さんはなぜ驚いたのですか。

→ 문제 p.92 🎧 92-05 ..........................................................

5番 先生が二人で話しています。女の先生はなぜ悩んでいるのですか。

F：はぁ…。

M：宮下先生、なんでため息なんですか？ 私のクラスみたいに生徒達がなかなか宿題を
提出してくれないとか。

F：はぁ、それが、最近は提出状況はいいんですよ。今は…なんというか、葛藤です
よ。

M：葛藤ですか…私も教師をしながら論文を書いていたときは、なかなか論文に費やす

時間が確保できなくて休職したかったですが、妻に止められて随分悩みました。

F：私もそうなんですよ。私は夫に止められているわけではないんですが、どちらも大切で。

M：一度休んでしまうと復帰するのもなかなか勇気がいりますしね。それに先生は人気があるので生徒達も寂しがるでしょうね。

🔊 女の先生はなぜ悩んでいるのですか。

→ 문제 p.93 🎧 93-06 ·····································

6番　男性と女性が話しています。男性はなぜ親友と仕事をしたくないのですか。

F：西田君、今度会社を立ち上げるんだって？今流行のベンチャー企業ってやつ？

M：うん。学生時代からやりたかったんだけど、社会人10年目にしてやっと実現するよ。

F：親友の今井くんも一緒？

M：ううん、今井とはやらないよ。野中がいくら親友でもずっと一緒にいたら仲が悪くなるって言ってたじゃん。俺もそれは当たってると思うよ。それに今井、今海外にいるし。

F：あぁ、そうか、大学院でMBAを修了してインターンしてるんだっけ。

M：まぁ、日本に呼び戻して手伝ってもらうのも可能だし、性格上経営には向いてると思うけど、やっぱり変なことで20年来の友情が壊れるのはいやだから。

F：そうね、それにもし一緒に仕事をすることになってもしばらく様子を見て会社が安定しないといろいろ迷惑掛けちゃうこともあるしね。私の父の会社がそうだったから。

M：まぁ、でも俺は本当の親友なら迷惑掛けたり掛けられたりっていうのはありだと思う。

🔊 男性はなぜ親友と仕事をしたくないのですか。

→ 문제 p.93 🎧 93-07 ·····································

7番　女子中学生が二人で話しています。男子学生はなぜ一人だけ違う色の体操着を着ているのですか。

F1：ねぇ、あの一人だけ体操着の色が違う人、格好よくない？

F2：え、どこどこ？ あー、あの人！ うんうん、目立ってる。サッカーうまいね〜。

F1：でもさ、今の時間2年生でしょう？ あの人、なんで3年生の体操着の色なの？ 3年生だったら私達といっしょの学年じゃない？

F2：それとも兄弟同士で体操着の貸し借りしてるのかな。2年生に弟がいる生徒なんていたっけ？

F1：意外と卒業生の弟じゃない？ 実際私もお姉ちゃんとお兄ちゃんのお下がり使ってるもん。

F2：あんたのところは3歳ずつ違うから全部色が同じなんでしょ！ いくらお下がりでも色が違ったら紛らわしいし学校が許可しないでしょ。

F1：あっ！ なんか見たことあると思ったら木嶋君じゃない！ 確か病気で一年休学したじゃない。

F2：あー、そうか。また学校に来られるようになったんだね。だから体操着の色が違うのも許可されてるのかもね。

F1：そうだね。あれが転校生だったりしたら、ちょっとドラマみたいじゃない？

🔊 男子学生はなぜ一人だけ違う色の体操着を着ているのですか。


## 問題3

→ 문제 p.94  🎧 94-01 ..................................................

1番 ベトナムのファッションデザイナーが話しています。

M：ベトナムの伝統的な正式な服を「アオザイ」といいます。「アオザイ」の「アオ」は上着を、「ザイ」は長いを意味します。アオザイは上下に分かれ、下に履くものをクワンと呼びます。ベトナムの多くの高校や一部の大学では、真っ白なアオザイを女子学生の制服に採用しています。また、女性用はかつては日常着の青色、未婚女性用の白、既婚女性用の紫がほとんどでしたが、現在は様々な色があります。現在ではアオザイ姿を見かけるのは女性がほとんどなのでアオザイは女性のみの民族衣装と思われていることが多いのですが、男性用のアオザイもあるんですよ。

🔊 アオザイについて正しい内容はどれですか。

　1. アオザイの「アオ」は上着、「ザイ」は下に履くパンツである。

2．ベトナムでは一部の学校が制服にアオザイを採用している。

3．結婚した女性は紫色のアオザイしか着ないことになっている。

4．アオザイは女性のみの民族衣装である。

→ 문제 p.94 🎧 94-02 ..........................................................................

**2番　神社で外国人観光客のガイドが話しています。**

M：今日は着物や袴を着た子供さんとそのご家族が多いですね。実は今日は「七五三」の日なんです。子供が三歳、五歳、七歳の年の11月15日に成長を祝って近くの神社や寺にお参りに行く日本の伝統行事です。男の子は3歳と5歳、女の子は3歳と7歳に行います。昔は、幼児の死亡率が高く、7歳までの子供は神の子とされ、7歳になって初めて社会の一員として認められたそうです。基本的に11月15日に祝いますが、現在ではこの日にあまりこだわらず11月15日前後の都合の良い日に行うことも多くなっています。また、神社や寺へのお参りが慣例となっていますが、このような伝統に配慮してキリスト教の教会でもこの時期に七五三のお祝いを行うところもあるようです。

🔊 ガイドの説明によると日本の「七五三」とはどんな行事ですか。

1．子供の成長を祝う行事

2．子供が神の子として認められる行事

3．男の子も女の子も社会で平等に認められるように願う行事

4．神社や寺だけでなくキリスト教にも配慮するための行事

→ 문제 p.94 🎧 94-03 ..........................................................................

**3番　ファッション雑誌の編集長が話しています。**

F：今月は「カップルのペアルック」について特集しました。「もし恋人にペアルックをお願いされたら？」というアンケートを実施したところ、次のような結果になりました。「上から下まで、完全ペアルックOK！」という人は女性はたった3％だったのに対し、男性は19％の人たちが彼女の望みであれば、「全身ペアルック」を受け入れる姿勢を示したのです。対して女性は「アクセサリーや時計が限界！」が58％と、半数を超える人がたとえ好きな人とであっても、同じ服装をすることに抵抗感

があるようです。昔から日本でペアといえば、夫婦茶碗や湯のみなど、人の目に触れにくいものばかり。そう考えると、アクセサリーや小物など、チラッと見える部分のさりげないお揃いが好まれるのも納得できますね。

🔊 アンケート結果から分かることは何ですか。
1. 女性は全身ペアルックに寛容だ。
2. 半数の女性は好きな人と同じ服装をすることに抵抗がない。
3. 日本ではペアルックといえば、指輪や腕時計などが一般的だ。
4. 日本人はカップルだと分かりやすいものをお揃いで身に付けたがる。

→ 문제 p.94 🎧 94-04 ‥‥‥‥‥‥‥‥‥‥‥‥‥‥‥‥‥‥‥‥‥‥‥‥‥‥‥‥‥‥‥‥‥

4番 元アナウンサーが出来そうな人に見える話し方について説明しています。

M：普段、他人と話していて「これは仕事が出来そうな人だな」と感じたことが誰しもあるでしょう。相手がつい耳を傾けたくなるのは、テンポにメリハリがあり、発音が明瞭で滑らかな話し方です。また、話す際の表情や振る舞いも大切で、楽しい話なら嬉しそうな表情を、衝撃的な話ならびっくりした顔を心がけるだけで、人は「聞いてみたい！」と会話に引き込まれてしまうものです。ところで「ヤバイ」「ていうか」というような若者の言葉に気を悪くする人がいるのは事実ですが、仕事上で禁物でしょうか。世代が変われば文化や価値観が異なるのも当然ですから、相手を選んで使えばあまり気にしなくていいと思います。いざという時に敬語でバシッと決め、場の空気によっては先輩が相手でもタメ口を交えて相手と親しくなることだって出来ます。

🔊 話し上手な人の行動に当てはまる内容はどれですか。
1. 相手にわかりやすいようにはっきりとゆっくり話す。
2. 相手に素朴な印象を与えるため、余り大きな動作はしない。
3. 正しい日本語にこだわらず、適宜使い分けている。
4. 先輩が相手のときは必ずきちんとした敬語を使う。

→ 문제 p.94 🎧 94-05

5番　経済学部の学生が話しています。

M：高速道路の無料化は消費者の旅行やレジャー活動を増進し、観光産業が活気づく契機でもあるので良いイメージがありますが、私は不安な点もあると思います。第一に、税金で維持管理費を賄う可能性が高いため、直接利用しない人も最も利用する運送業者も負担が同等となり、不公平感が生じるというものです。第二に、交通量が増大し排気ガスが増える可能性があることから環境保護のためにどこかで国家予算を投入する必要があるというものです。また人々が鉄道や船を利用せず、自動車に頼ることで鉄道会社や船会社の経営悪化に繋がるという不安もあります。現在、議論が盛んな高速道路の無料化ですが、生活の便利さ、経済、環境の向上全てに対応する策を見つけるのは難しいと思います。

🔊 この学生が話している内容として最も適切なのはどれですか。

1．高速道路無料化がもたらす影響
2．高速道路無料化に反対する理由
3．高速道路と環境の関係
4．高速道路無料化が実現しない根拠

→ 문제 p.94 🎧 94-06

6番　名刺の印刷会社の職員が話しています。

M：日本は世界で最も頻繁に名刺を用いる国だと言われています。名刺には基本的に氏名、所属、連絡先を記載しますが、最近では顔写真や、ウェブサイト、メールアドレスを記載している人もいます。日本や韓国、台湾、中国などの東アジアでは、職業上初対面時に最初に名刺を交換するのが慣習化しており、東南アジア諸国でも一般的です。ヨーロッパや北米では、名刺交換の頻度は低かったのですが、東アジアのビジネス慣習に合わせたり、メールアドレスの交換の必要から、近年では珍しくない光景になりつつあり別れ際に確認のために交換することが多いです。ロシアとドイツではもともと外国と商売する人のみ使用するとされていたと聞きますが、近年、特に営業職では携帯するのが一般化しているようです。

🔊 名刺の説明として内容と一致するものはどれですか。

1. 最近は人と違ったユニークなデザインが流行っている。
2. 東洋と西洋では名刺交換のタイミングが違う。
3. 西洋も昔から名刺交換がよく行われていた。
4. ロシアとフランスでは仕事で名刺を持つ人が増えている。

## 問題4

→ 문제 p.95 🎧 95-01~14 ....................................................

1番　M：面接の機会を頂きありがとうございました。　🎧 95-01

　　　F：1. 結果は電話でお伝えします。
　　　　　2. 説明書は中に入ってますから。
　　　　　3. 私も久しぶりに会えて嬉しかったです。

2番　F：ちょっと珍いのにした方が良くない？　🎧 95-02

　　　M：1. じゃあもう少し大きく書こうか？
　　　　　2. そうだな、ちょっと変わったのにするか？
　　　　　3. 何で？ 見えにくいの？

3番　M：あれから少しは彼と進展した？　🎧 95-03

　　　F：1. 明日から工事が始まるらしいの。
　　　　　2. まったく、連絡もないよ。
　　　　　3. 体調はだいぶ良くなったわ。

4番　F：あなたの肉親は？　🎧 95-04

　　　M：1. 母と父です。 兄弟はいません。
　　　　　2. 最近は野球ですかね。
　　　　　3. 来月改めて発表します。

5番　M：塵取りとって。　🎧 95-05

　　　F：1. 今遊んでる暇ないの。
　　　　　2. 風邪でもひいたの？

3．凄いゴミだね。

6番　F：最近息子さんとはどうですか？　🎧 95-06

　　　M：1．あの年頃は難しくってね。
　　　　　2．女の子は良く分かりませんよ。
　　　　　3．どうしましょうかね。

7番　M：あれから先生に話するの大変だったろ？　🎧 95-07

　　　F：1．ううん、全然関心がないみたい。
　　　　　2．うん、話ちゃんと聞いてくれたよ。
　　　　　3．ううん、意外とすんなり聞いてくれた。

8番　F：予選突破したんだって？　🎧 95-08

　　　M：1．3時から次の試合です。
　　　　　2．読み終わるのに1ヶ月かかりました。
　　　　　3．1等が当りましたよ。

9番　M：なんだか悪い予感がするんだけど。　🎧 95-09

　　　F：1．あなたは気にしなくてもいいよ。
　　　　　2．調子でも悪いの？
　　　　　3．考え過ぎだよ。

10番　F：あなたには自尊心はないの？　🎧 95-10

　　　M：1．家に置いてきちゃった。
　　　　　2．今はそんなの気にしてられないよ。
　　　　　3．さっき提出してきたよ。

11番　M：隣の家別居中なんだろう。　🎧 95-11

　　　F：1．2階建てにするんだって。
　　　　　2．奥さんが出てったんでしょう。
　　　　　3．家族旅行ですって。

12番　F：お肌の調子が悪くって。　　　　　　　　　　🎧95-12

　　　M：1．夜更かししてるからだろ。

　　　　　2．練習してないからだろ。

　　　　　3．修理してないからだろ。

13番　M：最近黒板が見えにくいんだけど。　　　　　　🎧95-13

　　　F：1．一度眼科に行ってらっしゃい。

　　　　　2．一度歯科に行ってらっしゃい。

　　　　　3．一度内科に行ってらっしゃい。

14番　F：人気の歌手が市民ホールに来るんだって。　🎧95-14

　　　M：1．あんな狭い所で大丈夫なのか？

　　　　　2．引っ越してくるのか？

　　　　　3．あいつ泳げるのか？

## 問題5

➡ 문제 p.96　🎧96-01 ...................................................

1番　会社で男性社員一人と女性社員二人が男性の退職後の事について話しています。

　　F1：鈴木課長、来月退職されるって本当ですか？

　　M　：ああ、田中君、佐々木君。部署が変わった君達の耳にも、もう届いたのかい？　速

　　　　いなぁ。

　　F2：速いなぁじゃないですよ。それじゃあ、本当なんですね！　でも定年退職は65才

　　　　じゃないですか？　課長は今年60才でしょう？　まだ5年は働けるはずじゃないで

　　　　すか！

　　M　：うん、そうなんだが。ちょっと理由があって。

　　F1：理由ってなんですか？　私達、今は部署は違いますけど、入社の時からお世話にな

　　　　ってきた課長が、定年にもなってないのに退職するなんて納得できません。

　　M　：これは、これは、退職のおかげで嬉しい言葉を聴けたな、ありがとう。そんな風

　　　　に思ってもらってたなんて嬉しいよ。君達は元気が良すぎて困った事もあったけ

　　　　ど、本当に良い子達だね。

F2： やめて下さい、そんな言い方、悲しくなるじゃないですかぁ。ほんとうの理由って何なんですか？ まさか、大きな病気とかじゃないですよね？

F1： 分かりました！ 先月来た釜口部長のせいですね！ うちの会社って部長クラスはみんな他の会社で偉かった人じゃないですか！ だから課長みたいに昔からいる社員が出世出来ないんですよ。

F2： 課長はそれが嫌で退職なされるんですか？

M1： いやいや、それは違うよ。私は技術担当だし、現場で働きたいからこの会社に入ったんだ。まぁ田中君の言うように全く不満がなかった訳ではないけど。自分がやりたい事は十分出来たと思ってるよ。

F2： 課長の技術は凄いと思います。だから私達も課長を尊敬しているんです。…それじゃぁ、課長、もしかしてライバル会社から誘われたんじゃないですか？

M ： 残念ながら違うなぁ。実はね、60才の誕生日に妻から言われたんだ。あなたは今まで仕事っていう自分の好きなことをしてきたんだから、そろそろ私と代わりなさいって。妻はフラワーカフェを開きたいらしくってね、それに私の今までの技術がいるんだってさ。お互い健康な内に。

F2： 課長は奥さんにスカウトされたんですね。

🔊 女子社員が考えていない退職理由はどれですか。
1 出世できない会社が嫌になったから
2 大きな病気になったから
3 他の会社に誘われたから
4 定年までまだ5年あるから

→ 문제 p.96  🎧 96-02 ......................................................

2番 大学の食堂で女子学生二人と男子学生一人がチーズについて話しています。

F1： おっ！ あったあった！

M ： さっきからパソコンで何探してたの？

F1： チーズ、チーズ探してたの、ほら見て！ やっと見つけた。

M ： なんか別に近くのスーパーにも売ってそうだけど。美味しいの？ そのカカカチョ、カチョカバカバ…。

F1：カチョカバロチーズ！ 美味しいかは知らない。だってまだ食べたことないんだもん。テレビでこのチーズが紹介されてて、美味しそうだったから食べてみたいんだけど、これ今、凄い人気でインターネットでも売り切れでさ、中々売ってるところなかったんだ。

F2：それ、私食べたことあるよ。去年北海道に行った時なんだけどさ、牧場でバター作りの体験が出来たの。自分で牛からミルクを絞って作ったんだけど、すっごくおいしくってさ。

M ：え？ これバターなの？ チーズじゃなかったっけ？

F2：あっ、ごめんごめん。作ったのはバターなんだけど、それをパンに付けて食べる時に一緒に食べたの。これの他にもモッツァレラチーズとかブルーチーズも食べたんだけど、どれもそこの牧場で作ってるもので、すっごく美味しかったの。

M ：へぇ～そうなんだ、俺は近所のコンビニで売ってる裂けるチーズぐらいしか知らないな。

F1：このチーズは焼いてから食べるんだってさ、珍しくない？

F2：焦げ目が付いてて外は少し硬くって中はとろっとして柔らかかったよ。チーズってさ、溶かして食べたり何かにかけて食べることはよくあるけど、直接焼くってのは珍しいよねぇ。ああ思い出したらまた食べたくなってきた。

F1：あたしもぉ、早く食べてみたいな。

M ：俺も！ 俺も！ じゃあさ、明日から連休だし皆で北海道でも行こうか。

🔊 カチョカバロチーズはどうやって食べますか。
　1 両手で裂いて食べる
　2 鍋で溶かして食べる
　3 フライパンで焼いて食べる
　4 出来た料理にかけて食べる

→ 문제 p.97 🎧 97-03 ..................................................................

**3番** 節分の日に親子3人が話しています。

F ： まさくん、今日は節分だから豆まきしましょ。

M1： 「せつぶん」ってなぁに？

F ： 節分はね、お家に悪い事がないように悪い鬼は出て行け、幸せの福はお家に入って下さいってお願いしながら、「鬼は〜外、福は〜内」って言いながら豆をまく日の事をいうのよ。

M1： 「おに」ってなぁに？

F ： 鬼知らない？ そっか…色が赤かったり、青かったり、緑は…？ いたと思うけど、ピンクは…いないか。あとは、大きい体に牙があって角があってう〜ん。

M2： 俺が鬼だぁー！！ 皆食ってやる！ ガー！

F ： まさくん！ 鬼だよ！ 恐いよ！ はい、豆投げて！

M1： 駄目だよお母さん、鬼じゃないよ、お父さんだよ。ね、お父さん。

M2： ははは、正輝にはかなわないな。良い演技だったと思うんだけどな。

F ： 誰に似たのかしら、この現実的な感じは。

M2： そりゃお前、あれだな、面倒くさがりだとか、歌が下手だとかもお前に似たんだな。

F ： なによそれ！ 悪いところばっかり？！ 失礼しちゃう！ あなたの悪いとこだって〜！！

M2： おっ顔が赤くなったぞ！ 正輝、鬼が出たぞ！！ 豆を投げろ！ それ「鬼は〜外」。

F ： 何ですってぇ〜！！

🔊 質問1　鬼の体の特徴として当てはまらないものは何ですか。

🔊 質問2　なぜ妻は怒ったのでしょうか。

## 1. 기본 연습

### (1) 발음

**가. 비슷한 발음**

| | |
|---|---|
| 1. あんこ | 2. じゅこう |
| 3. いち | 4. すみれ |
| 5. えんぽう | 6. おと |
| 7. めんたい | 8. せいぞう |
| 9. ひゃく | 10. ほうそく |
| 11. ちゅうい | 12. みこん |
| 13. めいろ | 14. さお |
| 15. ナイス | 16. くつう |
| 17. へんそく | 18. しあい |
| 19. ぬま | 20. きゅうしゃ |

**나. 탁음과 반탁음**

| | |
|---|---|
| 1. ぞっこう | 2. ボール |
| 3. ばんそう | 4. ビーチ |
| 5. カープ | 6. パット |
| 7. ひょうし | 8. ぎゅうにゅう |
| 9. ベンチ | 10. はんこ |
| 11. プラン | 12. しゅどう |
| 13. ペンチ | 14. しゃどう |
| 15. ぶかぶか | 16. ごま |
| 17. ぎゃっこう | 18. たいきん |
| 19. じゅよう | 20. ひゃくだん |

**다. 촉음과 장음**

| | |
|---|---|
| 1. しょっき | 2. テーブル |
| 3. アクセサリー | 4. シャッター |
| 5. ショッピング | 6. パーティー |
| 7. あさり | 8. まっち |
| 9. おばあさん | 10. でたらめ |
| 11. じょうきゃく | 12. にいさん |
| 13. カレー | 14. コク |
| 15. ガーター | 16. すっぱい |
| 17. うっとうしい | 18. でっかい |
| 19. ちず | 20. クッキー |

**라. 발음과 기타**

| | |
|---|---|
| 1. かんかく | 2. とち |
| 3. かんがい | 4. だんかい |
| 5. びぼう | 6. りんじ |
| 7. けんげん | 8. ほね |
| 9. てんねん | 10. まんねんひつ |
| 11. かけい | 12. ふんだん |
| 13. してん | 14. みんよう |
| 15. はらん | 16. コンセント |
| 17. りょかん | 18. ぼやり |
| 19. そしつ | 20. きんこう |

### (3) 뉘앙스 파악

| | | | | |
|---|---|---|---|---|
| 1. B | 2. A | 3. B | 4. B | 5. B |
| 6. A | 7. B | 8. A | 9. B | 10. A |
| 11. A | 12. B | 13. A | 14. A | 15. B |
| 16. B | 17. A | 18. A | 19. B | 20. A |

### (4) 문제를 잘 듣는다

| | | | | |
|---|---|---|---|---|
| 1. 4 | 2. 2 | 3. 4 | 4. 3 | 5. 4 |

### (5) 필요정보를 찾아 듣는다

| | | | | |
|---|---|---|---|---|
| 1. 2 | 2. 3 | 3. 1 | 4. 2 | 5. 2 |

### (6) 들은 정보를 다른 말로 바꾼다

| | | | | |
|---|---|---|---|---|
| 1. 2 | 2. 1 | 3. 3 | 4. 4 | 5. 4 |

### (7) 마지막에 나오는 포인트를 놓치지 않는다

| | | | | |
|---|---|---|---|---|
| 1. 3 | 2. 4 | 3. 1 | 4. 4 | 5. 3 |

(8) 오답을 정리한다

1. 4　　2. 2　　3. 1　　4. 2　　5. 3

(9) 질문의 요점을 파악한다

1. 2　　2. 2　　3. 3　　4. 2　　5. 3

## 2. 메모의 기술

(1) 대상

1 − 1. 5人
　　2. 体調が悪いから
　　3. 3人
　　4. 6人
　　5. 4人
　　6. 山本
2 − 1. あんこ味
　　2. 出張で家にいないから
　　3. 5個
　　4. 佐藤
　　5. 4人

(2) 날짜, 요일, 시간 등

1 − 1. 午後3時
　　2. 東方出版とのミーティング
　　3. 4時から5時
　　4. 3件
　　5. 火曜日
2 − 1. 木曜日
　　2. 30分
　　3. 水曜日
　　4. 土曜日
　　5. 4回
　　6. 12月

(3) 숫자

1 − 1. 水泳教室
　　2. 5個
　　3. 5000円
　　4. 4000円
　　5. ピアノ教室
2 − 1. 5センチ
　　2. 170センチ
　　3. 155センチ
　　4. 180センチ
　　5. 3人

(4) 기타

1 − 1. 傘
　　2. 逆さに見る(逆に見る)
　　3. 船
　　4. 傘
　　5. 6人
2 − 1. 1ヶ月
　　2. マリー
　　3. リリー
　　4. 母が犬アレルギーだから
　　5. メリー

## 問題1

| | | | |
|---|---|---|---|
| 1. 4 | 2. 1 | 3. 2 | 4. 4 |
| 5. 3 | 6. 2 | 7. 4 | 8. 1 |
| 9. 1 | 10. 4 | 11. 2 | 12. 3 |
| 13. 4 | 14. 3 | 15. 1 | |

## 問題2

| | | | |
|---|---|---|---|
| 1. 4 | 2. 1 | 3. 2 | 4. 4 |
| 5. 3 | 6. 2 | 7. 1 | 8. 3 |
| 9. 2 | 10. 2 | 11. 3 | 12. 1 |
| 13. 4 | 14. 3 | 15. 2 | 16. 3 |
| 17. 2 | 18. 2 | | |

## 問題3

| | | | |
|---|---|---|---|
| 1. 2 | 2. 3 | 3. 3 | 4. 2 |
| 5. 4 | 6. 3 | 7. 3 | 8. 2 |
| 9. 2 | 10. 4 | 11. 3 | 12. 1 |
| 13. 2 | 14. 3 | 15. 4 | |

## 問題4

| | | | | |
|---|---|---|---|---|
| 1. 3 | 2. 1 | 3. 2 | 4. 3 | 5. 1 |
| 6. 3 | 7. 2 | 8. 2 | 9. 3 | 10. 3 |
| 11. 2 | 12. 1 | 13. 3 | 14. 2 | 15. 1 |
| 16. 2 | 17. 1 | 18. 1 | 19. 1 | 20. 3 |
| 21. 1 | 22. 3 | 23. 2 | 24. 2 | 25. 3 |
| 26. 1 | 27. 1 | 28. 1 | 29. 2 | 30. 1 |
| 31. 3 | 32. 1 | 33. 2 | 34. 1 | 35. 2 |

## 問題5

| | | |
|---|---|---|
| 1. 4 | 2. 3 | 3. 4 |
| 4. 3 | 5. 2 | 6. 3 |
| 7-1. 3 | 2. 4 | |
| 8-1. 4 | 2. 3 | |
| 9-1. 2 | 2. 3 | |
| 10-1. 4 | 2. 4 | |

| | |
|---|---|
| 11-1. 2 | 2. 1 |
| 12-1. 2 | 2. 1 |
| 13-1. 2 | 2. 1 |

## 問題1

| | | | |
|---|---|---|---|
| 1. 1 | 2. 1 | 3. 2 | 4. 3 |
| 5. 2 | 6. 3 | | |

## 問題2

| | | | |
|---|---|---|---|
| 1. 2 | 2. 4 | 3. 3 | 4. 4 |
| 5. 1 | 6. 2 | 7. 4 | |

## 問題3

| | | | |
|---|---|---|---|
| 1. 1 | 2. 3 | 3. 4 | 4. 2 |
| 5. 2 | 6. 1 | | |

## 問題4

| | | | | |
|---|---|---|---|---|
| 1. 2 | 2. 3 | 3. 3 | 4. 2 | 5. 1 |
| 6. 3 | 7. 2 | 8. 1 | 9. 2 | 10. 1 |
| 11. 1 | 12. 2 | 13. 3 | 14. 3 | |

## 問題5

| | |
|---|---|
| 1. 1 | 2. 2 |
| 3-1. 4 | 2. 3 |

問題1

1. 1    2. 2    3. 4    4. 2

5. 1    6. 1

問題2

1. 3    2. 1    3. 1    4. 4

5. 1    6. 2    7. 1

問題3

1. 4    2. 4    3. 2    4. 4

5. 2    6. 3

問題4

1. 3    2. 1    3. 3    4. 3    5. 2

6. 1    7. 2    8. 2    9. 3    10. 2

11. 2    12. 2    13. 3    14. 3

問題5

1. 1    2. 3

3-1. 1    2. 4

問題1

1. 3    2. 1    3. 2    4. 2

5. 1    6. 1

問題2

1. 4    2. 3    3. 2    4. 4

5. 2    6. 1    7. 3

問題3

1. 2    2. 1    3. 3    4. 3

5. 1    6. 2

問題4

1. 1    2. 2    3. 2    4. 1    5. 3

6. 1    7. 3    8. 1    9. 3    10. 2

11. 2    12. 1    13. 1    14. 1

問題5

1. 4    2. 3

3-1. 4    2. 2

해답 용지

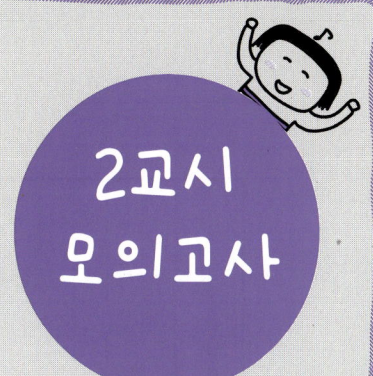

2교시
모의고사

# 聴解

# N1 聴解 解答用紙

受験番号
Examinee Registration
Number

名前
Name

## 問題 1

| | | | | |
|---|---|---|---|---|
| 1 | ① | ② | ③ | ④ |
| 2 | ① | ② | ③ | ④ |
| 3 | ① | ② | ③ | ④ |
| 4 | ① | ② | ③ | ④ |
| 5 | ① | ② | ③ | ④ |
| 6 | ① | ② | ③ | ④ |

## 問題 2

| | | | | |
|---|---|---|---|---|
| 1 | ① | ② | ③ | ④ |
| 2 | ① | ② | ③ | ④ |
| 3 | ① | ② | ③ | ④ |
| 4 | ① | ② | ③ | ④ |
| 5 | ① | ② | ③ | ④ |
| 6 | ① | ② | ③ | ④ |
| 7 | ① | ② | ③ | ④ |

## 問題 3

| | | | | |
|---|---|---|---|---|
| 1 | ① | ② | ③ | ④ |
| 2 | ① | ② | ③ | ④ |
| 3 | ① | ② | ③ | ④ |
| 4 | ① | ② | ③ | ④ |
| 5 | ① | ② | ③ | ④ |
| 6 | ① | ② | ③ | ④ |

## 問題 4

| | | | | |
|---|---|---|---|---|
| 1 | ① | ② | ③ | ④ |
| 2 | ① | ② | ③ | ④ |
| 3 | ① | ② | ③ | ④ |
| 4 | ① | ② | ③ | ④ |
| 5 | ① | ② | ③ | ④ |
| 6 | ① | ② | ③ | ④ |
| 7 | ① | ② | ③ | ④ |
| 8 | ① | ② | ③ | ④ |
| 9 | ① | ② | ③ | ④ |
| 10 | ① | ② | ③ | ④ |
| 11 | ① | ② | ③ | ④ |
| 12 | ① | ② | ③ | ④ |
| 13 | ① | ② | ③ | ④ |
| 14 | ① | ② | ③ | ④ |

## 問題 5

| | | | | | |
|---|---|---|---|---|---|
| 1 | | ① | ② | ③ | ④ |
| 2 | | ① | ② | ③ | ④ |
| 3 | (1) | ① | ② | ③ | ④ |
| | (2) | ① | ② | ③ | ④ |

# N1 聴解 解答用紙

受験 番 号
Examinee Registration
Number

名 前
Name

< ちゅうい Notes >

1. くろいえんぴつ (HB、No.2) で
かいてください。
Use a black medium soft
(HB or No.2) pencil.

2. かきなおすときは、けしゴムで
きれいにけしてください。
Erase any unintended marks
completely.

3. きたなくしたり、おったりしないで
ください。
Do not soil or bend this sheet.

4. マークれい Marking examples

| よい Correct | わるい Incorrect |
|---|---|
| ● | ⊘ ⊖ ◐ ○ ◑ ⊕ |

## 問題 1

| | | | | |
|---|---|---|---|---|
| 1 | ① | ② | ③ | ④ |
| 2 | ① | ② | ③ | ④ |
| 3 | ① | ② | ③ | ④ |
| 4 | ① | ② | ③ | ④ |
| 5 | ① | ② | ③ | ④ |
| 6 | ① | ② | ③ | ④ |

## 問題 2

| | | | | |
|---|---|---|---|---|
| 1 | ① | ② | ③ | ④ |
| 2 | ① | ② | ③ | ④ |
| 3 | ① | ② | ③ | ④ |
| 4 | ① | ② | ③ | ④ |
| 5 | ① | ② | ③ | ④ |
| 6 | ① | ② | ③ | ④ |
| 7 | ① | ② | ③ | ④ |

## 問題 3

| | | | | |
|---|---|---|---|---|
| 1 | ① | ② | ③ | ④ |
| 2 | ① | ② | ③ | ④ |
| 3 | ① | ② | ③ | ④ |
| 4 | ① | ② | ③ | ④ |
| 5 | ① | ② | ③ | ④ |
| 6 | ① | ② | ③ | ④ |

## 問題 4

| | | | | |
|---|---|---|---|---|
| 1 | ① | ② | ③ | ④ |
| 2 | ① | ② | ③ | ④ |
| 3 | ① | ② | ③ | ④ |
| 4 | ① | ② | ③ | ④ |
| 5 | ① | ② | ③ | ④ |
| 6 | ① | ② | ③ | ④ |
| 7 | ① | ② | ③ | ④ |
| 8 | ① | ② | ③ | ④ |
| 9 | ① | ② | ③ | ④ |
| 10 | ① | ② | ③ | ④ |
| 11 | ① | ② | ③ | ④ |
| 12 | ① | ② | ③ | ④ |
| 13 | ① | ② | ③ | ④ |
| 14 | ① | ② | ③ | ④ |

## 問題 5

| | | | | | |
|---|---|---|---|---|---|
| 1 | | ① | ② | ③ | ④ |
| 2 | | ① | ② | ③ | ④ |
| 3 | (1) | ① | ② | ③ | ④ |
| | (2) | ① | ② | ③ | ④ |

# N1 聴解 解答用紙

受験番号
Examinee Registration Number

名前
Name

< ちゅうい Notes >

1. くろいえんぴつ (HB、No.2) で かいてください。
   Use a black medium soft (HB or No.2) pencil.

2. かきなおすときは、けしゴムで きれいにけしてください。
   Erase any unintended marks completely.

3. きたなくしたり、おったりしないで ください。
   Do not soil or bend this sheet.

4. マークれい Marking examples

| よい Correct | わるい Incorrect |
|---|---|
| ● | ⊘ ◌ ⊙ ◍ ⊖ |

## 問題 1

| | | | | |
|---|---|---|---|---|
| 1 | ① | ② | ③ | ④ |
| 2 | ① | ② | ③ | ④ |
| 3 | ① | ② | ③ | ④ |
| 4 | ① | ② | ③ | ④ |
| 5 | ① | ② | ③ | ④ |
| 6 | ① | ② | ③ | ④ |

## 問題 2

| | | | | |
|---|---|---|---|---|
| 1 | ① | ② | ③ | ④ |
| 2 | ① | ② | ③ | ④ |
| 3 | ① | ② | ③ | ④ |
| 4 | ① | ② | ③ | ④ |
| 5 | ① | ② | ③ | ④ |
| 6 | ① | ② | ③ | ④ |
| 7 | ① | ② | ③ | ④ |

## 問題 3

| | | | | |
|---|---|---|---|---|
| 1 | ① | ② | ③ | ④ |
| 2 | ① | ② | ③ | ④ |
| 3 | ① | ② | ③ | ④ |
| 4 | ① | ② | ③ | ④ |
| 5 | ① | ② | ③ | ④ |
| 6 | ① | ② | ③ | ④ |

## 問題 4

| | | | | |
|---|---|---|---|---|
| 1 | ① | ② | ③ | ④ |
| 2 | ① | ② | ③ | ④ |
| 3 | ① | ② | ③ | ④ |
| 4 | ① | ② | ③ | ④ |
| 5 | ① | ② | ③ | ④ |
| 6 | ① | ② | ③ | ④ |
| 7 | ① | ② | ③ | ④ |
| 8 | ① | ② | ③ | ④ |
| 9 | ① | ② | ③ | ④ |
| 10 | ① | ② | ③ | ④ |
| 11 | ① | ② | ③ | ④ |
| 12 | ① | ② | ③ | ④ |
| 13 | ① | ② | ③ | ④ |
| 14 | ① | ② | ③ | ④ |

## 問題 5

| | | | | | |
|---|---|---|---|---|---|
| 1 | | ① | ② | ③ | ④ |
| 2 | | ① | ② | ③ | ④ |
| 3 | (1) | ① | ② | ③ | ④ |
| | (2) | ① | ② | ③ | ④ |

## 저자 약력

▶ **이종권**

현) 이종권일본어학원 원장

일본문부성 국비장학생
1991년 이후 일본어 교육에 종사
국내 최초 일본유학시험(EJU)반 개설 운영 중
현재 NEW(신)일본어능력시험반과 일본유학시험반 강의 중

전) 시사일본어학원 교수부장 및 본부장
현) 이종권 일본어학원 원장 겸 시험대비 강사

▶ **저서**

일본어능력시험 혼자서도 자신 있게 1급 한번에 합격하기
일본어능력시험 혼자서도 자신 있게 2급 한번에 합격하기
일본어능력시험 혼자서도 자신 있게 3급 한번에 합격하기
그 외 다수

▶ **연구원**

上坂桃子 / 右田明子 / 木下真理子 / 안혜원

**NEW 일본어능력시험 답다! N1 청해**

저자 이종권
초판 1쇄 발행 2010년 4월 19일
초판 3쇄 발행 2013년 3월 11일

발행인 박효상
편집 강성실, 박운희
디자인 손정수
마케팅 이종선, 이태호, 이전희

만든사람들
책임편집 김진아
본문 표지 디자인 홍수미

발행처 사람in
출판등록 제 10-1835호
주소 121-839 서울 마포구 서교동 378-16 4F
전화 02.338.3555  팩스 02.338.3545
e-mail saramin@netsgo.com homepage www.saramin.com

978-89-6049-158-8